अंगूर

अंगूर

मंज़रनामा

गुलज़ार

राधाकृष्ण प्रकाशन

ISBN : 978-81-8361-464-1

अंगूर

पहला संस्करण : 2011
दूसरा संस्करण : 2023

मूल्य : ₹395

प्रकाशक
राधाकृष्ण प्रकाशन प्राइवेट लिमिटेड
जी-17, जगतपुरी, दिल्ली-110 051
शाखाएँ : अशोक राजपथ, साइंस कॉलेज के सामने, पटना-800 006
पहली मंजिल, दरबारी बिल्डिंग, महात्मा गांधी मार्ग, प्रयागराज-211 001
1, अनमोल सोराबजी संतुक लेन, धोबी तलाव, मरीन लाइंस, मुम्बई-400 002
वेबसाइट : www.radhakrishnaprakashan.com
ई-मेल : info@radhakrishnaprakashan.com

मुद्रक
विकास कंप्यूटर एंड प्रिंटर्स
ट्रॉनिका सिटी-201102

ANGOOR
by Gulzar

दीबाचा

जो नज़र आता है, उसे मंज़र कहते हैं और मनाज़िर में कही गई कहानी का नाम मंज़रनामा है। अंग्रेज़ी में इसके लिए दो अल्फ़ाज इस्तेमाल होते हैं। एक स्क्रीनप्ले है, दूसरा सिनेरिओ (Scenerio)। दोनों तक़रीबन एक-से हैं लेकिन स्क्रीनप्ले में 'डिज़ॉल्व' और 'कट' और दूसरी तकनीकी हिदायतें भी लिख दी जाती हैं, जो डायरेक्टर की मदद करती हैं। इसमें 'सेट' यानी 'महल वक़ू' और मंज़र का वक़्त भी दर्ज किया जाता है। (यानी मंज़रनामा सुबह, शाम, रात या दोपहर किस वक़्त का है) ये तफ़सीलात डायरेक्टर के लिए तभी ज़रूरी होती हैं, जब वह स्क्रीनप्ले को फ़िल्माता है। वरना ये तकनीकी हिदायत पढ़ने में रुकावट पैदा करती हैं। इसलिए आम कारी के पढ़ने के लिए सिनेरिओ ही ज़्यादा मौज़ूँ है, ताकि वह उसे एक नॉवल की सूरत बिना किसी रुकावट के पढ़ सके। इसी का नाम मंज़रनामा है।

अदब में मंज़रनामा एक मुकम्मिल फ़ॉर्म भी है जिसकी पहली मिसाल जो मेरी नज़र में गुज़री, वह डी. सैका का मंज़रनामा 'अमरीका अमरीका' था। इस डायरेक्टर ने वह मंज़रनामा पहले लिखा, शाया किया और बाद में इस पर फ़िल्म बनाई। अदब में बहुत से मुसन्निफ़ हैं जो अपने नॉवल भी तक़रीबन मंज़रनामे की शक्ल में लिखते हैं। शरत्चन्द्र के बेशतर नॉवल इस फ़ॉर्म के बहुत क़रीब हैं।

ये मंज़रनामे पेश करने का एक मक़सद कारी को इस फ़ॉर्म से मुतारिफ़ करना भी है और दूसरे यह कि टी.वी. और सिनेमा में दिलचस्पी रखनेवाले शायक़ीन यह देख सकें कि नॉवल को किस तरह मंज़रनामे की शक्ल दी जाती है। मेरे लिए ये एतराफ़ करना ज़रूरी है कि मैं मंज़रकशी पर किसी महारत का दावेदार नहीं—कोई दूसरा

डायरेक्टर या मुसन्निफ़, हो सकता है मुझसे बेहतर मंज़रनामा तख़लीक कर ले।

मंज़रनामा का अन्दाज़े-बयान अमूमन ओरिजनल कहानी से अलग हो जाता है इसलिए वह अस्ल कहानी या नॉवल या सवानह उमरी का Interpretation बन जाता है, जिसकी मिसाल चन्द मशहूर फ़िल्मों से दी जा सकती है, जैसे–'अनारकली' और 'मुग़लेआज़म' एक ही ड्रामे को माखूज़ किए गए हैं। 'देवदास' जितनी बार बनी, और कई ज़बानों में बनी, उसका मंज़रनामा बदलता रहा। टी.वी. की आमद से मंज़रनामों की ज़रूरत में बहुत इज़ाफ़ा हो गया है। छोटे-छोटे अफ़सानों के मंज़रनामे भी लिखे जाने लगे हैं। अहमद नदीम कासमी, राजिन्दर सिंह बेदी, भीष्म साहनी, मुंशी प्रेमचन्द और दूसरे बेशुमार अदीबों के अफ़सानों पर काम हो रहा है। बहुत से सीरियल सीधे मंज़रनामों में लिखे जाते हैं। टी.वी. की फ़िल्मों के लिए चूँकि वक़्त की पाबन्दी (तवालत, Duration) का लिहाज़ रखना पड़ता है इसलिए मंज़रनामों के लिए अक़सर अदब से लिये गए मशहूर अफ़सानों को कभी मुख़्तसर करना पड़ता है, कभी फैलाव देना पड़ता है।

मुझे उम्मीद है कि मेरी यह कोशिश दूसरों के लिए कारआमद साबित होगी और दूसरों के तज़ुर्बों से मुझे फ़ायदा होगा–कोई नई राह खुलेगी, कोई नई बात पैदा होगी।

अंगूर

एक ज़माना था बंगलोर गुल-मोहर का शहर कहलाता था। सड़क के दो किनारों पर कई रंगों के गुल-मोहर नज़र आ जाते थे। उनमें जामनी रंग का एक पेड़, अशोका होटल के सामने लगा हुआ बहुत ख़ूबसूरत लगता था। आज भी है...बस ढूँढ़-ढाँढ़ के, पता लगवाकर एक नर्सरी से उसकी क़लम मिल गई...बम्बई में आकर लगवा दी...अपने घर पे। पेड़ उगा तो फूलों का रंग बदल गया। न सुर्ख़ न जामनी। कुछ-कुछ महुआ रंग का हो गया।

'अंगूर' और 'परिचय', दो कहानियों के साथ कुछ ऐसा ही हुआ। दोनों की क़लम विदेशी है। 'अंगूर' शेक्सपियर की Comedy of Error से इंसपाइर्ड हुई। और 'परिचय' Sound of Music से इंसपाइर्ड होकर बंगाल के राइटर राजकुमार मित्रा ने 'रोंगीन उत्तरयो' (रंगीन ओढ़नी) के नाम से 'उलटो रोथ' के पूजा अंक में छपवाई थी। उस 'क़लम' के राइट वहाँ से लिये।

लेकिन दोनों 'क़लमों' से निकली शाख़ें उनकी जड़ों से बिलकुल मुख़्तलिफ़ हैं। सामने रख के देखें तो उनकी थीम और किरदार बिलकुल अलग-अलग हैं।

'अंगूर' में, Comedy of Error की तरह दो जुड़वाँ मालिक और दो जुड़वाँ नौकर, शेक्सपियर की ज़मीन है। और यह ज़मीन बहुत ज़रख़ेज़ थी। उस पर कोई भी कहानी उग सकती थी...एक बेल हिन्दुस्तानी माहौल में लगी उसका नाम 'अंगूर' रखा।

'परिचय' की शाख़ ज़रा-सी अलग निकली। उसकी कहानी, माहौल और किरदार बिलकुल ही Sound of Music से अलग हैं, सिवाय इसके कि कुछ बच्चे मास्टरों को भगाने की तरकीबें निकालते रहते हैं

और दूसरे ये कि 'सरगम' पर आधारित, एक गाना, 'क़ायेदे' की तरह दोनों जगह मास्टर बच्चों को सिखाने की कोशिश करते हैं। हालाँकि उनके रिश्ते और वजूहात दोनों जगह बिलकुल ही मुख़्तलिफ़ हैं। फिर भी इंस्परेशन की जड़ पता चलती है। जैसे 'अंगूर' में जुड़वाँ मालिक और नौकर हैं...'परिचय' में टीचर और बच्चे हैं। दोनों में कहानी का रस वहीं से आता है!

—गुलज़ार

अंगूर

1

फ़िल्म के परदे पर 'शेक्सपियर' की फ़ोटू उभरी और साथ ही साथ एक आवाज़ भी उभरी।

"आप हैं विलियम शेक्सपियर–विलियम शेक्सपियर सोलहवीं सदी के बहुत बड़े नाटककार थे और आज तक दुनिया के सबसे बड़े नाटककार माने जाते हैं।"

तसवीर मुस्करा दी।

जंगल के एक रास्ते पर एक बग्घी चली आ रही थी। उस पर फिर रावी की आवाज़ उभरी।

"ये कहानी उन्हीं की सोच का नतीजा है जिसका नाम उन्होंने 'कॉमेडी ऑफ़ इरर्स' रखा था। जुड़वाँ बच्चों पर हज़ारों कहानीकारों ने कहानियाँ लिखी हैं। लेकिन ये सिर्फ़ एक शेक्सपियर ही थे कि चार जुड़वाँ बच्चों की कहानी लिखी। यानी जुड़वाँ बच्चों के दो जोड़े हैं इसमें, मालिक नौकर एक, और मालिक नौकर दो, कहानी कुछ यूँ है कि..."

बग्घी एक सराय की तरफ़ जाती हुई, जिसमें पति-पत्नी अपने जुड़वाँ बच्चों के साथ बैठे थे। पति ने अपने हाथ के बच्चे को लिटाते हुए कहा।

"अब बताओ, जहाँ हवाई जहाज़ से जा सकते थे

वहाँ, पानी के जहाज़ से जाने का क्या मतलब?"

पत्नी बग़ल में बैठी दूसरे बच्चे को थपथपा रही थी। पति ने फिर कहा।

"और सोचो...कितनी देर लगेगी, वहाँ पहुँचने में?"

पत्नी ने जवाब दिया।

"अच्छा एक बात बताओ, फल खाने का मज़ा आता है और फल की जगह, उसी की विटामिन की गोलियाँ बनाकर आपको दी जाएँ तो उसका उतना मज़ा आएगा...जितना फल खाने का?"

"नहीं, फल खाने का और ही रस है!"

"इसीलिए मैं कहती हूँ कि छुट्टियों के लिए निकले हो तो, छुट्टियों का रस लो।"

"सच्ची बात बोलूँ..."

"हूँ..."

"मुझे...तैरना नहीं आता...इसीलिए पानी में सफ़र करने से डर लगता है।"

"(हँसकर) और मैं एक बात बोलूँ?...मुझे उड़ना नहीं आता, इसीलिए हवा में सफ़र करते हुए डर लगता है।"

दोनों हँस पड़े...आवाज़ से एक बच्चा रोने लगा। बग्घी एक सराय के पास आकर रुकी। राजतिलक नीचे उतरे। कोचवान घोड़े को थपथपा रहा था। राजतिलक बोले।

"क्यूँ बब्बन मियाँ, पहुँच गए?"

"जी हाँ हुज़ूर...घोड़े ने बड़ी जल्दी की...जहाज़ तीन-चार बजे से पहले क्या निकलेगा! घंटे-दो घंटे आराम कर लीजिए, सुबह से निकले हैं। घोड़े भी ज़रा दम ले लें। मैं इन्हें पानी-वानी पिला के लाता हूँ।"

पत्नी ने पीछे से पुकारा।

"मैंने कहा..."

"जी हाँ...क्या बात है?"

राजतिलक पत्नी के पास आए।

"कुछ देर रुकेंगे क्या?"

"हाँ जी, ये सराय है। ज़रा रुक जाते हैं। बच्चों को दूध-वूध पिला लीजिए।"

एक बच्चा रोए चला जा रहा था। चुप नहीं हो रहा था।

"भूखे तो होंगे...ये जो चिल्ला रहे हैं, शोर मचा रक्खा है।"

"हाँ...रो तो रहे हैं।"

राजतिलक ने पत्नी के हाथ से एक बच्चे को लिया। ग़ौर से देखकर...पहचानकर बोले।

"ये तो बड़ा अशोक है।"

पत्नी कुछ समझ नहीं पाई। और दूसरे बच्चे को देखने लगी। फिर झल्लाकर कहा।

"ये छोटा-बड़ा मुझे कुछ पता नहीं चलता, आपने तो नाम भी एक ही रखे हैं।"

राजतिलक ने कहा।

"एक का कुछ और रखूँ तो क्या पता चल जाएगा? शक्लों में फ़र्क़ आने लग जाएगा, तो दोनों का अलग-अलग नाम रख लेंगे।"

फिर कोचवान की तरफ़ देखकर कहा।

"बब्बन मियाँ, ज़रा किसी से कहना, ये सामान कमरे में पहुँचा दें।"

"अच्छी बात है।"

राजतिलक एक बच्चे को लेकर अन्दर की तरफ़ चले। पत्नी ने दूसरे बच्चे को उठाया और अन्दर की तरफ़ चल दी।

2

कमरे में राजतिलक की पत्नी एक बच्चे को दूध पिला रही थी। और दूसरा रोए चला जा रहा था। बाहर से राजतिलक अन्दर कमरे में आए और बच्चे को रोता देखकर कहा।

"क्यूँ भई, क्या हो रहा है? हमने तो सुना था कि, जुड़वाँ बच्चे हों, एक छींके तो दूसरा भी छींकता है। एक रोए तो दूसरा रोता है, लेकिन यहाँ तो उलटा ही हिसाब है। ये दूध पीकर भी रो रहा है।"

राजतिलक ने रोते हुए बच्चे को गोद में उठा लिया और चुप कराते हुए पत्नी से कहा।

"...वो तो 'कोस्कन ब्रदर्स' में था। ये तो कॉमेडी ऑफ़ इरर्स के बच्चे हैं। रोएगा नहीं, आप इसी को दो बार दूध पिला रही हैं और वो वैसे का वैसा भूखा पड़ा है।"

पत्नी ने समझाते हुए कहा।

"अरे...अभी तो पिलाया था उसे!"

"इसे कब पिलाया? इसे तो मैंने पहले से ही उठा रखा था।"

"इसको आपने बाएँ हाथ में उठा के रखा था।"

"दायाँ-बायाँ मुझे नहीं मालूम। हुआ ये है कि उसे आपने दुबारा दूध पिला दिया है।"

"ओह..."

"ये अन्याय देखकर वो रोएगा नहीं तो क्या करेगा? लीजिए इसे...रखिए उसे।"

पत्नी ने अपने गोद के बच्चे को लिटा दिया और दूसरे बच्चे को ले लिया। बब्बन मियाँ दरवाज़े पर आकर बोले।

"हुज़ूर...बड़ा अन्याय हो गया।"

राजतिलक ने कहा।

"आपको भी मालूम हो गया!"

"आप किसकी बात कर रहे हैं?"

"आप किसकी बात कर रहे हैं?"

"हुज़ूर मन्दिर के दरवाज़े पर कोई अभागन अपने जुड़वाँ बच्चों को छोड़ गई है। लोग जमा हैं, उफ़-उफ़ कर रहे हैं, लेकिन उठाने के लिए कोई भी तैयार नहीं है। सब ज़ात-पात के चक्कर में पड़े हैं। भगवान की दया से सब कुछ है, आप ही रख लीजिए।"

ये सुनकर राजतिलक ने अपनी पत्नी की तरफ़ देखा जो अब दूसरे बच्चे को दूध पिला रही थी।

"लो...दो और रख लूँ? और वो भी जुड़वाँ...?"

बब्बन मियाँ बोले।

"रख लीजिए सरकार...छोटे सरकार जब बड़े हो जाएँगे...दोनों उनकी सेवा करेंगे।"

"बच्चे कहाँ हैं?"

"बाहर बरामदे में रखे हैं। मैं तो उन्हें उठा लाया हूँ, मुझसे देखा नहीं गया। आख़िर हैं तो इन्सान के बच्चे!"

राजतिलक ने पत्नी की तरफ़ देखते हुए कहा।

"चलो देखते हैं।"

दोनों बाहर की तरफ़ चल दिए।

3

दो बच्चे बरामदे में चटाई पर पड़े थे। कुछ

लोग जमा थे। पंडितजी राजतिलक को देखकर बोले।

"बड़ा अत्तियाचार हो रहा है उफ़..."

राजतिलक ने दोनों बच्चों को ग़ौर से देखा।

"कितने प्यारे बच्चे हैं?"

पंडित ने फिर उफ़ की।

"उफ़...पता नहीं क्या हो गया है इन्सान को?...

"उफ़।"

"कैसी प्यारी नेपाली आँखें हैं।"

"उफ़..."

"आँखों से तो बहादुर लगते हैं।"

"उफ़..."

पंडित की आहें और उफ़ पर दोनों ने ध्यान नहीं दिया। बब्बन ने झट कहा।

"नाम भी बहादुर रख दीजिए सरकार।"

"उफ़।"

"दोनों का?"

"उफ़।"

बब्बन बोले।

"क्या हुआ?...आपके दोनों बच्चों के भी तो एक ही नाम हैं।"

पंडित बस उफ़-उफ़ किए जा रहा था।

"उफ़..."

राजतिलक ने झुककर एक बच्चे को उठाया।

"चलिए...आइए...और जहाज़ में दो और सीटें बुक करवा दीजिए।"

राजतिलक और बब्बन मियाँ दोनों बच्चों को उठाकर अन्दर की तरफ़ चल दिए।

4

समुद्र में एक बहुत बड़ा जहाज़ चला जा रहा था जिसमें राजतिलक अपने परिवार के साथ सफ़र कर रहे थे। कुछ ही देर बाद समुद्र में एक बहुत बड़ा तूफ़ान आ गया और जहाज़ डगमगाने लगा। बहुत शोर मचा, बहुत हाहाकार हुआ। लेकिन जहाज़ डूब गया।

5

रावी की आवाज़ ने ख़बर दी।

"और यूँ कुछ लोग बचे, कुछ डूब गए। और कई साल गुज़र गए।"

6

एक घर में...पति, पत्नी और साली ताश खेल रहे थे...टेबल के नीचे सभी के पैर दिखाई दे रहे थे। अशोक अपना पैर हिला रहा था। जो उसकी साली को लग रहा था। सभी अपने-अपने पत्तों को देख रहे थे। साली तनुजा ने कहा।

"जीजाजी...ये मेरा पैर है। दीदी का नहीं।"

अशोक ने चौंकते हुए नीचे देखा...जैसे अपनी पत्नी का पैर खोज रहा हो।

"फिर दीदी का पैर कहाँ है?"

"बीवी कहिए...दीदी वो मेरी है।"

अशोक जैसे कुछ समझ न पाया हो, इधर-उधर देखा। सुधा ध्यान से अपने ताश के पत्तों को

देख रही थी।

"चलो दीदी...पत्ता फेंको।"

सुधा कुर्सी पर आलथी-पालथी मार के बैठी थी। अशोक ने उससे कहा।

"सुधा...ये क्या आलथी-पालथी मार के बैठी हो?"

"मुझे नहीं खाने हैं ठड्डे। जहाँ बैठते हैं, वहीं शुरू हो जाते हैं।"

सुधा ने एक पत्ता निकाल के फेंका। फेंके हुए पत्ते को देखकर अशोक का चेहरा चमक गया सिक्वेंस बनाने के लिए। रमी उसकी पूरी हो गई। वो .ख़ुश हो गया। तनु को यह देखकर .ग़ुस्सा आ गया।

"ये क्या है दीदी?...पाँच पत्ते दिए हैं तुमने, ताश में पतिव्रता दिखाने की क्या ज़रूरत है?"

अशोक .ख़ुशी से चहका–

"चलिए...खोलिए...पॉइंट्स गिनिए "

पास रखी कॉपी उठाकर लिखने लगा। तनु बोली।

"मेरा निल...तुम्हारा दीदी?"

सुधा ने पत्तों को गिना।

"मेरे...दस, पाँच, पन्द्रह-चार, सत्रह।"

अशोक ने टोका।

"पन्द्रह और चार सत्रह नहीं उन्नीस होते हैं।"

"हाँ...हाँ...वही उन्नीस।"

"अब बाँटिए आपकी बारी है।"

अशोक ने नौकर को आवाज़ दी।

"अरे बहादुर..."

सुधा ने पत्ते फेंकते हुए बताया।

"बीवी के साथ पिक्चर देखने गया है।"

"मतलब खाना आज आपने पकाया है?"

"तो क्या रोज़ बहादुर पकाता है?"

"पिक्चर तो रोज़ देखता है।"

तनु ने कहा।

"तो क्या हुआ?...कभी-कभी चला जाता है घूमने। गधे की तरह काम भी तो करता है।"

"गधे की तरह ही तो करता है। अक़ल तो नाम को नहीं है। कहीं और नौकरी करनी पड़ती तो..."

सुधा ग़ुस्से से बोली।

"वो नौकर नहीं है...बचपन से आपको पाल-पोस के बड़ा किया है।"

पत्तों को फेंटकर तनु के सामने किया।

"काट..."

अशोक बोल रहे थे।

"जी नहीं...पाल-पोस के तो मैंने उसे बड़ा किया है।"

तनु बीच में बोली।

"आप दोनों में से किसी ने किसी को नहीं पाला है। आप दोनों को तो हमारे पिताजी ने पाला है।"

अशोक ने पास पड़े व्हिस्की के गिलास से एक घूँट पिया।

"सारा क्रेडिट आपके पिताजी श्री गंगा प्रसादजी का ही तो है। हमारे पिताजी राजतिलकजी की कोई गिनती ही नहीं।"

"आपको कैसे मालूम, आपके पिताजी का नाम राजतिलक ही था?"

"कितनी मर्तबा बतला चुका हूँ...वो तुम्हारे बूढ़े मुंशीजी थे ना, जिन्होंने हमें बचाया था, उन्होंने बताया था कि पिताजी के मरने से पहले एक दिन

ज़िन्दा रहे थे।"

ये सुनकर सुधा बोली।

"आ...हा...इन्सान मरने से पहले ज़िन्दा ही होता है। किसको नहीं मालूम?"

अशोक ने फिर समझाते हुए कहा।

"तुम समझीं नहीं...भई, उस जहाज़ के हादसे के बाद जब मुंशीजी हम लोगों को बचाकर किनारे पर ले आए थे ना, उस वक़्त पिताजी ज़िन्दा थे। एक दिन के बाद मरे थे, बेहोशी में थे। बीच में उन्हें होश आया था। तब उन्होंने हम दोनों के नाम बताए थे और ख़ुद का भी नाम बताया था, कुछ समझ में आया?"

"हाँ...पत्ते..."

सुधा ने उन्हें पत्ते उठाने को कहा। फिर कुछ सोचते हुए कहने लगी।

"मालूम है...पिताजी पहले आपका नाम बहादुर समझते थे और बहादुर का नाम अशोक।"

पत्तों को ध्यान से देखते हुए अशोक ने कहा।

"हाँ ऐसा ही होता तो तुम्हारी शादी...उस गधे से हो गई होती।"

ये सुनकर सुधा ने मुँह पिचकाया। तनु बोल पड़ी।

"शादी कोई नाम से थोड़ी ही होती। होती आपसे जो भी नाम होता!"

"जो भी नाम होता...अगर मेरा नाम चिरकुट कुमार होता तो भी...?"

सभी हँस पड़े।

"नाम बदल देते...आदमी थोड़ा ही बदलते।"

"हाँ...यही तो बात है भई।"

सभी बातें कर रहे थे और साथ-साथ ताश खेल रहे थे।

"गंगा प्रसादजी सूरत से ही सीरत पहचान गए। उन्होंने शक्ल देखते ही अन्दाज़ा लगा लिया था... कि लड़का बड़ा...होके...जोकर आ गया।"

अशोक ने जोकर का पत्ता दिखाया। सुधा ने अपने पत्तों को देखते हुए कहा।

"लो फिर आ गए।"

"कौन...?"

"दो बादशाह...दो ग़ुलाम...मैं तो तंग आ गई हूँ इन डुप्लीकेटों से।"

7

ट्रेन में लेटा हुआ छोटा अशोक, सस्ते क़िस्म का जासूसी नॉवल पढ़ रहा था। पढ़ते हुए उसकी धीमी सी गम्भीर आवाज़ गूँज रही थी।

"अँधेरी रात थी...चारों तरफ़ सन्नाटा छाया हुआ था। विजय दबे क़दमों से आगे बढ़ा और हवेली में दाख़िल हुआ। हवेली के कोने में एक पुरानी घड़ी लटक रही थी। वो अब भी चल रही थी। टिक-टिक टिक! रात का एक बज चुका था। घड़ी के बाएँ तरफ़ जालों से भरी एक पेंटिंग थी। ये नीलम शहज़ादी की तसवीर थी। उसकी आँखों में अजीब सी उदासी छाई हुई थी।"

नॉवल पढ़ते हुए अशोक के चेहरे पर वैसे ही तास्सुरात उभर रहे थे जैसा नॉवल में लिखा था। वो पढ़ता गया।

"ऐसा लग रहा था, जैसे वो...सदियों से विजय का

इन्तज़ार कर रही थी। ये देखकर विजय सोच में पड़ गया। उसी वक़्त पीछे से दरवाज़ा खुलने की आवाज़ आई। चूँ...चूँ...चूँ...और चारों तरफ़ से गोलियाँ चलने लगीं। एक गोली विजय के दाएँ कान को छूकर निकली..."

इतना पढ़ते हुए अशोक ने झट से गर्दन बाएँ जानिब कर ली।

"कुछ पल के बाद सन्नाटा छा गया। चारों तरफ़ ख़ामोशी। और आहिस्ता से एक हाथ..."

तभी छोटे बहादुर ने अशोक के कन्धे पे हाथ रखा। अशोक उछल पड़ा और साथ ही चीख़ पड़ा। बहादुर ने घबरा के पूछा।

"क्या हुआ?"

"ख़ून, मर्डर..."

"किसका...? हीरो...?"

"नहीं...नहीं...नीलम शहज़ादी का...और क़ातिल बड़ा डैंजरस है। उसकी भी यही निशानी है। वो भी लम्बी आस्तीन वाली क़मीज़ पहनता है। कभी खोलता नहीं तेरी तरह।"

बहादुर ने अशोक के हाथ से नॉवल छीनते हुए कहा।

"नॉवल रख दो, वरना किसी दिन हम दोनों को ये ले डूबेगा। माँ जी यही कहती रहती हैं। अब तो सो जाओ, रात बहुत हो चुकी है। रात भर जागोगे, कल कोई काम नहीं होगा। सो जाओ।"

अशोक लेट गया और सोचने लगा। बहादुर ने कहा।

"मैं लाइट बन्द कर देता हूँ।"

अशोक की पास वाली बर्थ पर बहादुर लेट

गया। कुछ देर बाद बाथरूम के दरवाज़े की तरफ़ से आवाज़ आई। खट-खट-खट, ये सुनकर अशोक की आँख खुल गई। उसने दरवाज़े की तरफ़ देखा, और उठकर दरवाज़े के पास गया। उसे लगा कोई बाथरूम में छुपा है। उसने लाइट जला दी। बहादुर भी जाग गया।

"क्या हुआ?...बाबू?..."

अशोक ने हाथ के इशारे से ख़ामोश रहने का इशारा किया। और पूछा।

"बहादुर तुमने बाथरूम में देखा? कुछ है क्या?"

"हैं...कमोड है, मिरर है, शावर है।"

"कोई गैंगस्टर छुपा हुआ होगा तो...रात को अँधेरे में निकलकर...हमारे सीने पर बन्दूक़ रख देगा तो...?"

"ये तुम जो जासूसी नॉवल..."

"श...श...आहिस्ता।"

"ये जो तुम जासूसी नॉवल पढ़ते हो...इसीलिए तुम ऐसी बातें करते हो। मैं अन्दर देखता हूँ।"

"अरे...अरे...ऐसे नहीं...उसने हमला किया तो? पूरी तैयारी करके जाना पड़ता है। ऐसे देखो।"

छोटा अशोक एक्शन के साथ अपनी जगह से उठा, सिगरेट जलाई झूठ-मूठ की, सिर पर कैप रखा, पिस्तौल निकाली, उसकी गोलियाँ चेक की, और फिर बाथरूम की तरफ़ बढ़ा।

"चुपचाप रिवॉल्वर फेंककर बाहर आ जाओ, वरना मैं गोली चला दूँगा, नहीं मानोगे...मैं तीन गिनता हूँ...एक...दो...तीन।"

तभी दरवाज़ा खट से बन्द हुआ। डरकर

छोटा बहादुर अशोक के पीछे आ के खड़ा हो गया। छोटा अशोक अभी तक ड्रामा कर रहा था।

"देखो...देखो...मैं घबराने वाला नहीं हूँ। मैं पचास नॉवल पढ़ चुका हूँ। मेरा मतलब है पचास गोलियाँ खा चुका हूँ। खोलो दरवाज़ा।"

गोलियाँ सुनकर बहादुर को कुछ ख़याल आया और उसने पूछा।

"आज विटामिन की गोली खाई थी कि नहीं? माँ ने कहा था कि खाने के साथ गोली खा लेना।"

अशोक ऊँची आवाज़ में बोला।

"मैं विटामिन की गोली की बात नहीं कर रहा हूँ। मैं रिवॉल्वर की गोली की बात कर रहा हूँ। खोलो दरवाज़ा। नहीं मानोगे?"

बहादुर ने कहा।

"उधर हटो...उधर हटो।"

अशोक तेज़ी से बाथरूम में घुसा और जिस हाथ को रिवॉल्वर बनाया था, सामने तान दिया।

"हैंड्स अप।"

देखा कि सामने शीशे में वो ख़ुद ही दिखाई दे रहा था। इधर-उधर देखा, फिर कमोड की तरफ़ इशारा करके कहा।

"भाग गया।"

अशोक ने फ़्लश की चैन खींची तो इंजन की सीटी बजी।

"ये सीटी क्यूँ बज रही है?"

"स्टेशन आ रहा होगा, अन्दर चलो।"

दोनों बाथरूम से बाहर आ गए। अशोक ने पलट के फिर अन्दर झाँका।

8

सुधा के हाथों से चूड़ियाँ गिरीं। पास खड़े अशोक को देखकर गुनगुनाने लगी।

होंठों पे बीती बात आई है
वादा निभाने की रात आई है

याद तो होगी, कुछ भूली-बिसरी
ऐसे ही बरसी थी...चाँद से मिसरी
चाँद को चबाने की रात आई है

याद है उस दिन बारिश भी थी
छत पे भीगने की ख़्वाहिश भी थी
छत पे जाने की रात आई है।

9

स्टेशन पर एक गाड़ी आकर रुकी। मुसाफ़िर अपना-अपना सामान लेकर बाहर जाने लगे। छोटा अशोक और छोटा बहादुर भी गेट की तरफ़ बढ़े। गेट पर खड़ा टी.सी. मुसाफ़िरों के टिकट चेक कर रहा था। छोटा अशोक जैसे ही टी.सी. के पास से गुज़रा तो टी.सी. ने पहचानते हुए कहा।

''अरे नमस्ते...सेठजी।''

''नमस्ते।''

''कहीं बाहर गए थे?''

''गए थे मतलब?...अभी तो आ रहे हैं।''

''मतलब, कहीं गए होंगे, तभी तो आ रहे हैं

आप?"

"आप टिकट कलेक्टरी के अलावा और भी कोई धन्धा करते हैं? काफ़ी चालू आदमी लग रहे हैं।"

वो गेट से निकल गए। टी.सी. ने अशोक को पहचान लिया था पर अशोक टी.सी. को नहीं पहचानता था। पीछे छोटा बहादुर आ रहा था। टी.सी. ने उससे कहा।

"अरे बहादुर...साहब बड़े ग़ुस्से में लगते हैं?"

"वो तो उनके मूड का..."

अचानक चौंककर बोला।

"आप मुझे जानते हैं?..."

"भूल गए यार...आमों की टोकरी भिजवाई थी, तुम्हारे हाथ।"

"कुछ याद नहीं आ रहा है...ये टिकट पकड़िए।"

फिर कुली को आवाज़ दी जो उनका सामान ला रहा था।

"ओए...ओए..."

बाहर टैक्सी के पास छोटा अशोक खड़ा था। बहादुर के पास आने पर धीरे से पूछा।

"वो टी.सी. क्या कह रहा था तुमसे?"

"आमों की टोकरी भिजवा रहा था।"

"किसलिए...?"

"भगवान जाने...ख़्वाहमख़्वाह पहचान निकालने की कोशिश कर रहा था।"

"मेरे ख़याल से ये किसी गैंग से मिला हुआ है। इसको इन्फ़ॉरमेशन मिल गई है। हम बहुत सारा पैसा लेकर निकले हैं। मालूम करने की कोशिश कर रहा है।"

छोटे बहादुर ने हाथ के ब्रीफ़केस को कस के पकड़ लिया।

"सँभालना...आओ...अरे कुली इधर आओ।"

कुली को पैसा दिया। वैसे ही एक अजनबी आदमी ने अशोक को नाम से बुलाया और पास आ गया।

"अशोक बाबू...बहुत-बहुत शुक्रिया अशोक बाबू। आपकी बड़ी कृपा है, आपके कहने से मेरे साले की नौकरी लग गई।"

"किस साले को नौकरी मिल गई?"

बहादुर टैक्सी से सिर निकालकर उनकी बातें सुन रहा था।

"छोटे वाले साले...बड़ा वाला पहले से ही इन्कमटैक्स में था। बड़ी अच्छी तनख़्वाह मिलती है। बड़े अच्छे प्रोस्पेक्टस हैं उसके।"

"अच्छा।"

पीछे से बहादुर ने धीरे से अशोक से कहा।

"ये भी गैंग का आदमी लगता है।"

"हाँ...हाँ...लग रहा...लग रहा।"

उस आदमी ने समझा अशोक उससे बात कर रहा है।

"फिर घर पर मिलता हूँ...वहीं दर्शन होंगे।"

वो आदमी वहाँ से चला गया। अशोक उसे जाते हुए देखता रहा। फिर टैक्सी में बैठ गया। टैक्सी ड्राइवर ने अशोक से पूछा।

"कहाँ चलना है?"

"क्यूँ बताएँ तुमको?"

"तो फिर कहाँ ले जाएँ आपको?"

बहादुर ने टहूका दिया।

"इसे तो बताना पड़ेगा।"

अशोक बोला।

"एम्प्रेल होटल, कहाँ है जानते हो?"

''जानते हैं साहब।''

''तो पहले वहाँ ले चलो। हम वहाँ ठहरने वाले नहीं हैं। वहाँ उतरकर हम कहीं और चले जाएँगे।''

अशोक ने बहादुर की तरफ़ देखकर आँख मारी। जैसे बेवक़ूफ़ बनाया हो। टैक्सी वहाँ से चल पड़ी।

10

बड़ा अशोक जो शादीशुदा है घर में तैयार हो के अपने ऑफ़िस जाने की तैयारी कर रहा था। अपने नौकर बहादुर को आवाज़ दी।

''बहादुर...उठाओ ये सब प्लेटें, आज मैं नाश्ता नहीं करूँगा।''

सुधा ये सुनकर सामने आई।

''बग़ैर नाश्ता किए कहाँ चले?''

''मैं कर लूँगा कहीं भी।''

''कर लोगे जैसे...अलका बैठी है नाश्ता लेकर।''

''देखो...उसका नाम मत लो।''

''क्यूँ न लूँ?...इतनी ख़ूबसूरत है।''

''पाँच सौ बार कह चुका हूँ, उस बेचारी का नाम मत लाओ बीच में।''

''आ...हा...एक वही बेचारी है, जिसने जड़ाऊ हार भी बनवा लिया। कंगन भी बना लिये, कान के झुमके भी बन गए, और एक मैं हूँ, जो तीन महीने से एक हार के पीछे पड़ी हूँ।''

''सुनो...आज तुम्हारा हार नहीं मिला तो...मैं भी घर में नहीं लौटूँगा। महीने भर से रोज़ जा रहा हूँ उस ससुरे सुनार के पास...यक़ीन नहीं आता तो

जाकर पूछो उस ससुरे से...''

''मुझे क्या ज़रूरत पड़ी है...बाज़ार में जाकर पूछूँ किसी से?''

उसी वक़्त बहादुर ट्रे में चाय लेकर आया और डाइनिंग टेबल पर रख दी।

''रोज़ ख़ुद ही क़समें खा के जाते हो...और शाम को आकर ख़ुद ही कोई बहाना कर देते हो।''

बहादुर सहमकर दोनों के बीच झगड़े को देखता रहा, सुनता रहा।

''लेकिन आज जो मैं खा के जा रहा हूँ...''

''कुछ भी खा के जाओ...मुझे कोई यक़ीन नहीं तुम्हारी क़समों का।''

उसी वक़्त अशोक की साली तनु ताली बजाती हुई अन्दर दाख़िल हुई। वो इन दोनों के झगड़ों को ख़ूब पहचानती थी।

''वेरी नाइस...वेरी गुड...सुबह-सुबह शुरू हो गए ना आप लोग! टाइम बिलकुल वेस्ट नहीं करते। सच्चे प्यार की निशानी में ये भी एक निशानी है, लड़ते रहो, झगड़ते रहो...''

सुधा ने ताना दिया।

''आ...हा...मुझसे काहे का प्यार...एक अलका है, एक तुम हो। जिनका ख़याल रहता है इन्हें।''

अशोक को तैश आ गया।

''देखी...इस बदतमीज़ की बात देखी।''

बहादुर किचन में था। वहाँ भी झगड़े की आवाज़ आ रही थी। प्रेमा जूस लेकर आई, और बहादुर को इस तरह खड़े देखकर बोली।

''ए...बहादुर...तू खड़े-खड़े कड़ा ही घुमाता रहेगा या जाने का रास्ता भी देगा?''

"जा..."

प्रेमा वहीं से निकलकर डाइनिंग टेबल के पास आई।

"जीजाजी आपको अब तक आदत हो जानी चाहिए थी..."

प्रेमा ने जूस रखा, उसे देखकर सुधा बोल पड़ी।

"मुझसे तो प्रेमा भी अच्छी है...इसे भी कभी-कभी नई-नई साड़ी मिल जाती है।"

तनु ये सुनकर हँस पड़ी।

"देखिए...और देख लीजिए।"

"इसका एक ज़ेवर न लाने पर...देखा मुझे क्या-क्या सुनना पड़ता है। मैं भी अगर मर्द का बच्चा हूँ, इस घर में नहीं घुसूँगा जब तक मैं वो...क्या?...वो हार लेकर नहीं लौटूँगा।"

अशोक ये कहकर तेज़ी से घर के बाहर निकल गया। तनु ने पीछे से बहुत आवाज़ें दीं।

"जीजाजी...जीजा...ये क्या बचपना है।"

फिर अपनी बहन की तरफ़ मुड़ी।

"दीदी, तुम जैसी जल-कुकड़ी मैंने दुनिया में क्या...आज तक हिस्टरी में नहीं देखी, ऐसी जली-भुनी बोलती हो ना, जीजाजी हैं, पता नहीं कैसे सह लेते हैं।"

सुधा ने रोते हुए कहा।

"तू भी उनकी तरफ़दारी कर रही है। ऐसी कौन सी बात मैंने कह दी है। एक हार के लिए ही तो कहा था। जिसके लिए ऐसे नाश्ता मेज़ पर छोड़कर चले गए।"

"वो नाश्ता कर लेंगे। वो भूखे रहने वालों में से

नहीं हैं। अब तुम भूखी मत रहो। चलो खाओ।''
''हाँ...वो...नाश्ता खाए बिना चले गए...ये नाश्ता मेरे गले से उतरेगा?...तू खा।''

11

बहादुर अभी तक किचन के दरवाज़े पे खड़ा रो रहा था। अन्दर से प्रेमा ने आवाज़ दी।

''बहादुर...''

बहादुर प्रेमा के पास गया, जो बर्तन साफ़ कर रही थी। बहादुर ने पूछा।

''क्या है?...''

''चल ये बर्तन जल्दी से साफ़ कर दे। अच्छा ये बता, तू वहाँ खड़ा-खड़ा क्या कर रहा था?''

''दीदी रो रही थी ना।''

''लेकिन तू क्या कर रहा था?''

''मैं भी रो रहा था।''

ये सुनकर प्रेमा ने बहादुर की तरफ़ देखा।

''दीदी का रोना देखा नहीं जाता मुझसे।''

प्रेमा ने लाड़ किया।

''आप भी क्या बच्चे की तरह रोते हैं—हमेशा।''

फिर प्रेमा ने अपने दुपट्टे से बहादुर का चेहरा साफ़ किया—आँसू पोंछे।

12

छोटा बहादुर होटल के बाथरूम में टूथब्रश कर रहा था। तभी छोटे अशोक की आवाज़ आई।

''बहादुर...''

"आया...क्या है?"

"ये लाख रुपए मैं...(फिर सरगोशी में कहा) ये लाख रुपए मैं अलमारी में रख रहा हूँ।"

"अच्छा..."

"बातचीत हो जाए। सौदा तय हो जाए, फिर कल जाकर पेमेंट कर देंगे। और देख तू कहीं बाहर मत जाना।"

"मरना है बाहर जाके...इन चोर-उचक्कों के शहर में।"

"वही तो...रुपए मैंने अलमारी में रखे हैं, और ख़ाली बैग यहाँ पड़ा है।"

अशोक अपनी होशियारी बहादुर को दिखा रहा था।

"वो क्यूँ?..."

"वही तो...अगर उस गैंग की नज़र इस बैग पे है तो मौक़ा पड़ते ही इस बैग को ज़रूर उठाकर भागेंगे। और वो बैग उनके पास चला भी गया, तो रुपए तो इधर पड़े हैं।"

बहादुर बात समझ गया।

"यानी कि मच्छरदानी बाँधी है बिस्तर पे और आप लेट जाओ चटाई पे। मच्छर को लगेगा, मच्छरदानी में हैं, तो मच्छर वहाँ चले जाएँगे। और ख़ुद चटाई पर..."

यह सुनकर अशोक अपनी समझदारी पे हँसने लगा।

"फिर भी सँभाल के। और कोई भी आए तो दरवाज़ा मत खोलना।"

"हाँ..."

"और देख भंग-वंग की गोली मत चढ़ा लेना कहीं!"

"मेरे पास कहाँ है?"

"जेब दिखा।"

"जेब है ही नहीं।"

जेब की तरफ़ देखा अशोक ने।

"बैग में...?"

"बैग है ही नहीं।"

बैग अलमारी पे था। फिर बहादुर ने समझाया।

"नहीं है...बैग में नहीं है।"

"ठीक है। मैं घंटे-दो घंटे में वापस लौटूँगा।"

"ओके।"

बहादुर ने उसी के अन्दाज़ में ओके कहा। अशोक ने मुड़ के देखा। वो उसकी नक़ल कर रहा था। लेकिन कुछ बोला नहीं। दरवाज़े तक पहुँचकर अशोक ने बहादुर को इशारे से बुलाया और दरवाज़ा बन्द करने को कहा। बहादुर ने दरवाज़ा बन्द कर लिया। अशोक कुछ दूर चलकर वापस दरवाज़े पर पहुँचा और खटखटाया। बहादुर ने दरवाज़ा खोल दिया। अशोक ने पूछा—

"दरवाज़ा क्यों खोला? क्या कहा था मैंने?... दरवाज़ा मत खोलना!"

"लेकिन ये तो तुम्हारे लिए खोला है।"

"तुम्हें कैसे पता चला कि मैं था?"

"अरे भाई, एक मिनट में और कौन होगा?"

"कोई भी हो सकता है, लूटने वाले साढ़े तीन मिनट में पूरा बैंक लूटकर ले जाते हैं। दिखाऊँ कैसे?"

"यहाँ नहीं, किसी बैंक में जाकर दिखाओ। बाबू, अब जाओ। फ़ौरन काम ख़त्म करके आ जाओ।"

"और हाँ सुनो...जब मैं आऊँगा, तीन बार नाख़ून

से दरवाज़ा खट-खटाऊँगा। नाख़ून से, और फिर गुनगुनाऊँगा—प्रीतम आन मिलो।''

''जाओ बाबू, काम करके आओ।''

''ठीक है, दरवाज़ा बन्द कर लो...ओके।''

''ओके।''

बहादुर ने दरवाज़ा बन्द किया। अशोक ने जासूस की तरह इधर-उधर देखा और चल पड़ा। जब वह होटल से बाहर निकल रहा था। उसने देखा कि वो टैक्सी वाला जो स्टेशन से लेकर आया था वहीं खड़ा है और टैक्सी साफ़ कर रहा है। अशोक उसे देखकर चुपके से छुपकर निकल गया।

13

बड़ा अशोक सुनार की दुकान पर बैठा था। सुनार कह रहा था, या समझा रहा था अशोक को।

''वो गनेशीलाल है ना अशोक बाबू, जिससे मैंने हीरे की कटाई-सफ़ाई कराई थी। बड़ा सख़्त आदमी है, मैंने उसे नक़द देने का वादा दिया था। आज आने वाला है।''

''देखिए छेदीलालजी मैं किसी गनेशी-वनेशी को नहीं जानता, मेरी बात आपसे हुई थी। आप मुझे वो हार दे दीजिए और अपनी रक़म ले लीजिए।''

''सो तो ठीक है। मुझे पैसे की ज़रूरत नहीं। दरअसल क्या है वो गनेशीलाल...''

''वो आप जानें...आप मुझे किसी तरह से वो हार शाम तक दे दीजिए।''

''जी...''

''उस हार की वजह से, मेरे घर में एक महीने से अशान्ति चल रही है।''

''देखिए...शाम तक तो मुश्किल है...लेकिन सात-आठ कारीगर लगाऊँगा तो नौ-दस बजे तक तैयार हो जाएगा।''

तभी सुनार का कारीगर मंसूर मियाँ हार रखने वाला बॉक्स लेकर आया।

''देखिए, मंसूर मियाँ भी आ गए।''

मंसूर मियाँ ने बॉक्स छेदीलाल को दिया और अशोक को सलाम किया।

''सलाम साहब।''

''आपके हार के लिए डिब्बा लेकर आए हैं, देखिए। सुबह से आप ही के हार का काम चल रहा है।''

''छेदीलालजी, आप सिर्फ़ चाबुक दिखा रहे हैं। घोड़ा कहाँ है?''

''चाबुक नहीं हुज़ूर...ताँगा है...सिर्फ़ सवारी की देरी है।''

''लेकिन सवारी है कहाँ?''

मंसूर मियाँ ने मदाख़िलत की।

''सज रही है सरकार। हीरे-पन्ने लग जाएँ तो देखिएगा ख़ुद अपनी बेगम पहचानी नहीं जाएगी। ऐसे लगेगा, किसी और की उड़ाकर लाए हैं।''

सभी हँस पड़े।

''आज फिर तुम्हारी बातों ने जीत लिया भई! ख़ैर ठीक है। मैं शाम को नौ बजे आऊँगा...डोली लेने।''

यह कहकर अशोक चलने को तैयार हो गया। मँसूर मियाँ ने फिर मज़ाक़ किया।

''शहनाई मँगा लूँ हुज़ूर।''

अशोक मुस्कराता हुआ निकल गया। छेदीलाल ने मंसूर मियाँ से कहा।

"मंसूर मियाँ, लग जाओ।"

14

दूर तक अंगूर के बाग़ीचे दिखाई दे रहे थे। छोटा अशोक जो व्यापार के सिलसिले में इस शहर में आया था। अंगूर के बाग़ीचे के सेठ से बातचीत कर रहा था। सेठजी समझा रहे थे।

"पहली बार आप आए हैं। शहर देखिए, बाग़-बाग़ीचे तो आपने देख ही लिए।"

"नहीं...मैं वैसे ही देखने चला आया था। नया कारोबार शुरू कर रहा हूँ। सोचा, ठेका लेने से पहले तसल्ली कर लूँ।"

"तसल्ली हो गई ना...अच्छा हुआ।"

"हाँ।"

"अब आप शहर लौटेंगे। घंटे भर में पहुँच जाएँगे। यहाँ मेन रोड से बस मिल जाएगी, हाथ खड़ा करेंगे, बस वाला रोक लेगा। अरे मस्ताना..."

एक आदमी, जो देखने से ही बदमाश लग रहा था। पास आया।

"देखो साहब को मेन रोड तक पहुँचा दो, यहाँ रास्ता भटकते देर नहीं लगती।"

अशोक ने हामी भरी।

"जी हाँ...आते हुए मुझे एक घंटा लग गया था। काफ़ी सुनसान जगह है।"

मस्ताना जो पास खड़ा था बोला।

"चलिए।"

"हाँ।"

मस्ताना और छोटा अशोक खेतों से होते हुए गाँव के मेन रोड तक जा रहे थे। अशोक मस्ताना को बदमाश गुंडा समझ रहा था। मस्ताना सीटी बजा रहा था। ये अशोक को अच्छा नहीं लगा।

"ये सीटी क्यूँ मार रहे हो?...कोई इशारा है क्या?...मैं अपनी जेब में दस रुपए से ज़्यादा पैसे रखता नहीं, ख़तरा रहता है ना!"

"हुज़ूर, ख़तरा तो हर जगह है, घर में रखो तब ख़तरा, बैंक में रखो तब ख़तरा।"

"घर में क्यूँ ख़तरा?"

"चोर देख लेते हैं।"

"और बैंक में क्यूँ ख़तरा?"

"गोरमेंट देख लेती है।"

"हाँ...हाँ...दोनों ही तो...इसीलिए मैं दोनों जगह नहीं रखता पैसे।"

"बड़ा अच्छा करते हैं हुज़ूर...ज़माना बड़ा ख़राब आ गया है, पता नहीं शहर में कैसे-कैसे गुंडे काम करते हैं। अरे, कभी किसी ने धर लिया तो..."

"मैं नहीं डरता...मैं नहीं डरता। एक दफ़ा मैं ऐसे ही जा रहा था। आठ-दस गुंडों ने मुझे घेर लिया। देखने में एवीं लगता हूँ। लेकिन एक उलटे हाथ का थप्पड़ पड़ गया ना...तो पता चल जाएगा... क्या पता चल जाएगा?"

"हाँ।"

दोनों सड़क पर आ गए। एक जगह बस स्टॉप का बोर्ड लगा था। वहीं जाकर खड़े हो गए।

"ये आ गया बस स्टॉप...अब मैं चलूँ।"
"अरे, जाते कहाँ हो?"

अशोक ने उसका हाथ पकड़ लिया।

"ऐसे थोड़े ही जाने दूँगा तुम्हें? बस को तो आने दो...वो आ गई।"

दूर से एक बस आती हुई नज़र आई।

"बड़े आराम से आ रही है...पास आते ही स्पीड बढ़ा दी।"

बस आकर रुक गई। छोटा अशोक उसमें चढ़ गया, और बस चल पड़ी। मस्ताना ने हाथ जोड़े और खेतों की तरफ़ चल दिया।

15

शहर के बीच एक सब्ज़ी बाज़ार में बड़ा बहादुर एक सब्ज़ी की रेहड़ी पर खड़ा सौदा-सुलफ़ ख़रीद रहा था।

"तुम्हारे पास मूली नहीं है?"

बड़ा बहादुर दुकान में दूसरी चीज़ें, आलू, प्याज़ वग़ैरह देख रहा था। उसी वक़्त सामने सड़क पर बस आकर रुकी।

छोटा अशोक बस से उतरा और सड़क पर खड़ा होकर सिगरेट जलाने लगा। तभी बड़े बहादुर की नज़र उस पर पड़ी। वो जल्दी से पास आकर खड़ा हुआ। हैरत से छोटे अशोक से पूछा।

"सिगरेट पी रहे हैं साहब?"

छोटे अशोक ने भी बड़े बहादुर को देखकर ग़ुस्से में कहा।

"अब तू यहाँ क्या कर रहा है?"

"मूलियाँ लेने आया था।"

"मूली?..."

"दीदी कह रही थी कि मूली के पराँठे बनाऊँगी। क्योंकि प्रेमा कह रही थी, कि जब भी आप नाराज़ होते हैं, तो आपको मनाने के लिए दीदी मूली के पराँठे बनाती हैं।"

अशोक और बहादुर की ग़लत जोड़ी मिल गई थी।

"अबे उल्लू के पट्ठे, ये प्रेमा कौन है? और ये दीदी कहाँ से पैदा हो गई?"

"क्या बात कर रहे हैं साहब? प्रेमा मेरी बीवी और दीदी आपकी बीवी।"

अशोक को शक हुआ।

"बहादुर, तूने भंग चढ़ा ली है?"

"मैंने भंग चढ़ा ली कि आप गाँजा पीने लगे हैं? सिगरेट पीते तो मैंने कभी नहीं देखा।"

"तूने मुझे सिगरेट पीते कभी नहीं देखा?"

"नहीं..."

"अबे, मैं तुझे कह के आया था होटल से बाहर मत निकलना और तू...यहाँ मूलियाँ ख़रीद रहा है?"

"आपको क्या हो गया है साहब?...घर से झगड़ करके निकले, अब होटल-होटल कर रहे हैं? छोटी दीदी ने कहा ही था..."

"अब ये छोटी दीदी कहाँ से टपक पड़ी?"

"दीदी की छोटी दीदी, छोटी दीदी यानी आपकी साली।"

"अबे, मेरी शादी नहीं हुई, ये बीवी और साली कहाँ से आ गईं?"

"आपकी शादी नहीं हुई?"

"मेरी शादी को छोड़...तेरी कब हुई?"

"देखिए साहब, आप अपनी शादी को, चाहे जो कुछ कहिए...लेकिन मेरी शादी को कुछ मत कहिए। मैंने प्रेमा के साथ सात फेरे लिये हैं।"

"बहादुर तू..."

छोटे अशोक ने हाथ की सिगरेट फेंकी।

"तू होश में आता है कि नहीं...हाँ...वो पैसे कहाँ?..."

"कौन से पैसे?"

"मैंने तुझे कोई पैसे दिए ही नहीं?"

"एक दफ़ा दिए थे ज़िन्दगी में, दस रुपए, सात साल हो गए हिसाब माँगते।"

"मैंने कहा...तू याद करने की कोशिश कर आज सुबह मैंने...तुझे...; इधर-उधर देखते हुए—एक लाख रुपए दिए थे, कहा था सँभालकर रखना। कहा था...ना तुझे?"

बड़ा बहादुर समझ नहीं पा रहा था कि साहब ये क्या बहकी-बहकी बातें कर रहे हैं। इन्हें क्या हो गया है।

"आप याद करने की कोशिश कीजिए साहब, आपकी शादी हुई है। आपकी बीवी है, आपकी साली है, लाख रुपए तो क्या, आपने एक धेला तक नहीं दिया। हाँ, दीदी कभी-कभार..."

इतना सुनते ही छोटा अशोक ग़ुस्से में भर गया और बहादुर को ज़ोर से धक्का दिया।

"अबे, भाड़ में गई तेरी दीदी साली...मैं जो पूछता हूँ उसका जवाब दे। तू होटल से बाहर क्यूँ निकला और कहाँ गए वो लाख रुपए, तुझे जो दिए थे?"

बहादुर बहुत घबरा गया। और अशोक के

जुमले दोहराने लगा।

"मेरी कोई शादी नहीं हुई। दीदी साली...साहब आप पागल हो गए।"

इतना सुनना था कि छोटे अशोक ने एक थप्पड़ बहादुर को रसीद किया। बहादुर इसके लिए तैयार नहीं था। वो और ज़्यादा घबरा के बौखलाहट में घर की तरफ़ भागा, चिल्लाता हुआ।

"साहब पागल हो गए। दीदी आपका क्या होगा?...दीदी आपका क्या होगा?"

छोटा अशोक हैरत और अचम्भे से उसे भागते हुए देखता रहा। फिर सड़क से गुज़रती टैक्सी को आवाज़ दी।

"टैक्सी..."

टैक्सी रुक गई। ये फिर वही टैक्सी थी जिसमें बैठकर वो लोग स्टेशन से होटल गए थे। जिस पर छोटे अशोक को गैंग के मेम्बर होने का शक था।

"ख़ाली है?..."

"जी..."

अशोक पहचान कर बोला।

"तुम?..."

ड्राइवर भी हँस पड़ा।

"कहाँ चलूँ साहब? एम्प्रेल होटल?"

अशोक कुछ सोचकर बोला।

"हाँ...हाँ...एम्प्रेल होटल। मैं वहाँ रहता नहीं। वहीं कहीं मुझे काम है।"

"हाँ साहब...कौन कहाँ ठहरा हुआ है। हमें सब मालूम है।"

और टैक्सी आगे बढ़ गई।

16

टैक्सी एम्प्रेल होटल के पास रुकी। अशोक बाहर निकला और पूछा।

''कितने हुए?''

''चार रुपए, पच्चीस पैसे।''

''चलो ये लो...कीप दी चैंज।''

अशोक होटल की जानिब बढ़ा। ड्राइवर गुनगुना रहा था। कोई फ़िल्मी गीत।

'छोड़ दिया जाए, या मार दिया जाए...'

ये सुनकर छोटा अशोक चलते-चलते रुक गया और शक की नज़रों से ड्राइवर को देखने लगा।

17

अशोक होटल के रिसेप्शन पर पहुँचा, और वहाँ खड़े मैनेजर से कहा।

''एक सौ दो की चाबी।''

''एक मिनट।''

मैनेजर ने 'की बोर्ड' पे देखा। वहाँ चाबी नहीं थी।

''आपकी चाबी तो रूम में ही है।''

''अच्छा देखिए, जो मेरा नौकर है...''

''जी...''

''वो कहीं बाहर गया था?''

''हमने तो नहीं देखा।''

''थोड़ी देर पहले उसे आपने अन्दर आते हुए देखा था?''

''नहीं तो...''

"तो फिर आप देखते क्या हैं...ना बाहर जाते हुए देखते हैं, ना अन्दर आते हुए..."

तभी एक वेटर पास आया और अशोक से पूछा।

"आप एक सौ दो वाले साहब को पूछ रहे हैं?"

"साहब मैं हूँ। वो मेरा नौकर है।"

"हाँ...हाँ...हाँ जी, वो अपने कमरे में हैं। लंच का ऑर्डर किया है।"

ये सुनकर अशोक अपने कमरे की तरफ़ बढ़ा।

18

अशोक ग़ुस्से में अपने कमरे के दरवाज़े पर पहुँचकर खटखटाने लगा। फिर उसे याद आया, जो उसने बहादुर को समझाया था कि नाख़ून से दरवाज़ा खटखटाएगा और गुनगुनाएगा। अशोक ग़ुस्से में वहीं गाने लगा।

"प्रीतम आन मिलो। अबे प्रीतम आन मिलो... दुखिया जिया...।"

छोटे बहादुर ने दरवाज़ा खोला। अशोक बड़े ग़ुस्से में उसे घूर रहा था। बहादुर ने जम्हाई ली और कहा।

"मैं तो पहले ही समझ गया था। तुम हो। लेकिन मैंने दरवाज़ा इसलिए नहीं खोला कि, कहीं तुम मुझे डाँट ना डालो।"

"तुम मेरी डाँट से बहुत डरते हो?"

दोनों कमरे में आ गए।

"वो कहते हैं ना...जो कभी नहीं डाँटते वो बड़ा

सख़्त डाँटते हैं।"

"सही कहते हैं वो। ये बता तू होटल कब पहुँचा?"

"तुम्हारे साथ ही तो आया था स्टेशन से।"

कुछ-कुछ कहते-कहते अशोक रुक गया। और फिर पूछा।

"अच्छा वो पैसे कहाँ हैं?"

"कौन से पैसे?"

"मैंने तुझे कोई पैसे नहीं दिए?"

"नहीं तो..."

"और वो लाख छोड़ गया था, वो..."

"वो पड़े हैं ना अलमारी में। देख लो।"

अशोक अलमारी के पास आया। पैसे निकालकर देखे, पूरे थे।

"यहाँ कोई नहीं आया। ऐसे ग़ुस्से से क्या देख रहे हो?"

"नहीं, मैं तो तुझे बड़े लाड़ से देखूँगा।"

अशोक ने पास पड़े सिगरेट के पैकिट को उठाया। जो ख़ाली था।

"सिगरेट कहाँ हैं?"

"हैं ना। ये लो।"

बहादुर ने दूसरा पैकिट दिया। जो पास में पड़ा था। अशोक ने सिगरेट निकालते हुए पूछा।

"तूने मुझे कभी, सिगरेट पीते हुए नहीं देखा ना?"

"क्या बात करते हो बाबू। पचास सिगरेट दिन में पी जाते हो। मना करने पर भी नहीं रुकते हो।"

ग़ुस्से में अशोक ने मुँह की सिगरेट निकालते हुए कहा।

"शटअप! तू बाज़ार में क्या बकवास कर रहा

था। तूने मुझे कभी सिगरेट पीते नहीं देखा। मैंने गाँजा पीना शुरू कर दिया है और...और...क्या नाम है तेरी बीवी का?''

छोटे बहादुर ने हैरत से मुँह को सिकोड़ा।

''मेरी बीवी का...मेरी शादी कब हुई?''

''अच्छा...अच्छा...अच्छा मेरी तो शादी हो चुकी है। मेरी तो बीवी भी है, साली भी है।''

''देखो बाबू...बैठ जाओ...एक गिलास ठंडा पानी पियो। मैं ले आता हूँ।''

बहादुर पानी लेने गया। और अशोक ग़ुस्से से उसे देखता रहा। जग से पानी निकाल रहा था कि अशोक ने पास आकर पूछा।

''अच्छा...बहादुर एक बात बता। तूने आज भंग पी है।''

''मैंने कहाँ पी है?...मैंने नहीं पी है।''

''सच-सच बता।''

मुस्कराते हुए बहादुर ने इशारे से बताया।

''इतनी सी, इतनी पीने से कुछ नहीं होता।''

''जो होता है ना...वो तुझे नहीं होता। दूसरों को होता है। आज बाज़ार में तूने जो हरकत की है, मैं ज़िन्दगी भर नहीं भूल सकता।''

छोटा बहादुर पसोपेश में पड़ गया।

''बाज़ार में?...बाज़ार में, मैं तुमसे मिला ही कब? मैं तो यहाँ से निकला ही नहीं।''

''मैंने तेरे भूत को देखा था। मैं तुझे पहचानता नहीं।''

अशोक बड़े ग़ुस्से में कह रहा था।

''मेरी आँखें नहीं हैं। बटन लगा के रखे हैं मैंने शक्ल पे।''

''देखो बाबू...''

"मुझे कुछ नहीं देखना। बहुत-कुछ देख चुका हूँ। भाँग के नशे में झूलता हुआ साँड़ की तरह टहल रहा था सड़क पर। मूली ख़रीदने, मूली के पराँठे खाने का शौक़ हुआ था।"

तभी दरवाज़े पे खट-खट हुई। गुस्से से अशोक ने कहा।

"कम इन..."

कमरे में वेटर एक प्लेट में कुछ खाने को लेकर आया। अशोक ने उससे पूछा।

"क्या है?"

"मूली के पराँठे।"

अशोक ने गुस्से में बहादुर की तरफ़ देखकर कहा।

"देखा मुझे मूली के पराँठे का सपना आया था?"

19

बड़ा बहादुर बैठा किचन में प्रेमा को बता रहा था। कैसे अशोक ने उसको थप्पड़ मारा।

"तू यहाँ मूलियों को रो रही है। वहाँ साहब ने मेरा पराँठा बना दिया। अपनी तो अपनी, मेरी भी शादी कैंसल करने पे तुले हुए थे।"

"क्या?..."

"हाँ...एक बात कहूँ, तू मानेगी नहीं। साहब पागल हो गए हैं।"

"क्या?..."

"तूने कभी साहब को सिगरेट पीते हुए देखा है?"

"नहीं।"

"मैंने देखा है। साहब सिगरेट पी रहे थे।"

"चल दीदी को चलकर बताएँ।"
"और दीदी को गाली भी दी। साली दीदी बोला था।"
"चल उठ...चल के दीदी को सब कुछ बता...उठ।"

प्रेमा ने बहादुर का हाथ पकड़कर उठाया और ऊपर कमरे में ले गई।

20

प्रेमा और बहादुर सीढ़ियों से ऊपर कमरे में आ रहे थे। बहादुर बहुत घबराया हुआ था। उसे डर सिर्फ़ एक बात का था।

"बेचारी दीदी का क्या होगा? अगर साहब ने छोड़ दिया तो..."

प्रेमा बोल पड़ी।

"छोड़ दिया?...बाप का राज है। फेरे-वेरे नहीं लिये थे? तू मुझे छोड़ के दिखा तो मैं तेरी क्या हालत करती हूँ। चुड़ैल बनकर तेरे सिर पर नाचूँगी। चल दीदी के पास।"

दोनों दीदी के कमरे में पहुँचे। जहाँ सुधा आँख साफ़ करने वाले कैप से आँखें साफ़ कर रही थीं।

"मेम साहब सुनिए, ये बहादुर क्या कह रहा है?"
"क्या कह रहा है?"
"इसी से पूछिए।"
"क्या कह रहा है बहादुर?"
"साहब पागल हो गए।"
"क्या बकता है?"
"ठीक ही कह रहा हूँ। साहब सिगरेट पी रहे थे।"
"तो..."

“और कह रहे थे, मेरी शादी नहीं हुई है। मेरी कोई बीवी नहीं है।”

“तो?...”

“तो...तो कुछ भी नहीं हुआ क्या?”

“ग़ुस्से में कह दिया होगा। तू मूलियाँ लाया।”

“नहीं।”

“क्यूँ?”

“इतनी ज़ोर का थप्पड़ मारा कि मैं तो नाम ही भूल गया। मुझे लगता है वो किसी होटल में रहने चले गए। बार-बार होटल-होटल कह रहे थे। उनकी बातों से लगता था कि वो कभी घर लौटेंगे नहीं।”

सुधा ने पुकारा।

“तनु...ओ...तनु।”

सुधा के बुलाने पर दूसरे कमरे से उसकी छोटी बहन आई।

“हाँ दीदी।”

“सुना...ये क्या कह रहा है?”

“क्या हुआ बहादुर?”

“साहब बिलकुल पागल हो गए हैं।”

“अच्छा?...क्या हुआ उन्हें?”

“सिगरेट में गाँजा भर के पी रहे थे और नशे में मार-पीट कर रहे थे। और कह रहे थे, मेरी शादी नहीं हुई है। मेरी कोई बीवी नहीं है।”

इतना सुनकर सुधा रोने लगी। बहादुर कहता रहा।

“मेरी कोई साली नहीं है। प्रेमा को भी नहीं पहचाना...हाँ...थोड़ी-थोड़ी देर में एक लाख, एक लाख कह रहे थे। और फिर मेरे मुँह के पास आकर बोले...‘बहादुर मैंने तुझे सवेरे एक लाख

रुपए दिए थे। याद है ना?'...बताइए।"

सुधा ज़ोर-ज़ोर से रोने लगी।

"तनु...तनु अब क्या होगा?...मैंने तुझे बताया नहीं, उन्हें रात को कभी-कभी ऐसा दौरा पड़ता था। मुझसे चिल्ला-चिल्ला के कहा करते थे। छोड़ दो मुझे, छोड़ दो मुझे, हाथ मत लगाओ, मैं घर छोड़कर चला जाऊँगा। पाल-पोस के गंगा प्रसाद ने पागल लड़की को मेरे गले में बाँध दिया।"

"दीदी वो तुम्हारे लिए कहते होंगे ना?"

"पर पिताजी के बारे में ऐसा थोड़े ही कहना चाहिए था।"

"दीदी तुम रोओ मत। बहादुर जीजाजी कहाँ मिले थे तुझे?"

"बाज़ार में।"

"बाज़ार में क्या कर रहे थे?"

"सिगरेट पी रहे थे।"

"वो तो समझी। कर क्या रहे थे। कहीं से आ रहे थे या कहीं जा रहे थे?"

"मुझे लगता है, मेरा ही इन्तज़ार कर रहे थे कि मैं आऊँ और मुझे धर लें।"

तनु ने अपनी दीदी को देखा और कहा।

"अब बताओ पागल वो हैं कि ये गधा कहीं का। ये बता खाने को आएँगे कि नहीं?"

"किसे...?"

"किसे क्या...खाना खाने को आएँगे कि नहीं?"

"अब क्या पता...मुझे तो उमीद नहीं है।"

सुधा बीच में बोल पड़ी।

"तनु..."

"तुम चुप रहो दीदी। ये सब तुम्हारे हार की वजह से हुआ है। जिस तरह क़सम खा रहे थे। मुझे तो

लगता है, हार बिना लिये घर में आएँगे नहीं।''

''तो हार लेकर चले आएँ ना। मैंने कब मना किया है।''

''आना ही पड़ेगा। नहीं आएँगे तो मेरे शाम के प्रोग्राम का क्या होगा?''

''सच्ची बात है।''

''चलो बहादुर। दीदी, दिन में दस बार रोती हो। आँख तो वैसे ही साफ़ हो जाती है। ऑप्टिकल की क्या ज़रूरत है। देखो ना कप में दवा कम आँसू ज़्यादा हैं।''

ये कहकर तनु वहाँ से बहादुर के साथ बाहर चली गई। बाहर बरामदे में तनु बहादुर को समझा रही थी। उसे करना क्या होगा।

''तू अलका के यहाँ चला जा। मेरा ख़याल है वो खाना खाने वहीं गए होंगे। डेढ़ बज रहा है, जीजाजी खाने से चूकने वाले नहीं।''

''लेकिन वहाँ नहीं मिले तो?...''

''तो, तीन बजे के बाद, एक बार दफ़्तर में जाना। वहाँ भी नहीं हुए तो...वो...सुनार है छेदीलाल। वहाँ ज़रूर मिल जाएँगे।''

''वहाँ मिल गए तो?...''

''तो?...''

''तो मेरा तो कचूमर निकाल देंगे।''

''कुछ नहीं करेंगे। दीदी की हालत देखी ना।''

''हाँ।''

''रो-रो के जान दे देगी। तेरे को अच्छा लगेगा, उसको कुछ हो गया...''

''नहीं-नहीं, दीदी के लिये तो मैं अपनी जान दे दूँगा।''

''वो तो जीजाजी भी दे देंगे। मैं जो कह रही हूँ

ध्यान से सुन, मुझे रिहर्सल के लिए देर हो रही है। शाम को अगर जीजाजी के बग़ैर घर आया ना... तो...देखना।''

''ये शिव के कड़े की क़सम खाकर कहता हूँ, मैं जीजाजी को लिये बग़ैर लौटूँगा नहीं।''

बड़ा बहादुर कड़ा पहनता था और आस्तीन हमेशा चढ़ा के रखता था।

21

बड़ा अशोक अपने ऑफ़िस में बैठा कुछ काम कर रहा था। बाहर से एक क्लर्क कुछ फ़ाइलें लेकर आया और अशोक के सामने रख दीं। उसकी निगाह पास रखे फ़ोन पर पड़ी, जिसका रिसीवर क्रेडल से उतारकर नीचे रखा था। ताकि कोई फ़ोन न आ सके। ये देखकर क्लर्क को कुछ सूझा और बात करते हुए रिसीवर उठाकर क्रेडल पर रख दिया।

''आज आप खाना नहीं खाएँगे सर?''

''नहीं, नहीं खाना तो मैं खाऊँगा। घर पे नहीं जाऊँगा।''

बात करते हुए अशोक ने रिसीवर फिर नीचे रख दिया।

''तो क्या करें! होटल से मँगाएँ सर।''

ये पूछते-पूछते क्लर्क ने फिर रिसीवर हैंडसेट पर रख दिया। अशोक ने उसकी हरकत देख ली। फिर से रिसीवर नीचे रख दिया।

''नहीं, नहीं मैं अलका के यहाँ खाऊँगा।''

''लंच टाइम तो हो गया है, कब खाएँगे?''

"तुम ये बार-बार रिसीवर क्यूँ उठाकर रख रहे हो?"

"कोई फ़ोन आएगा सर।"

"मालूम है। इसीलिए तो रिसीवर नीचे रखा हुआ था।"

अशोक ने फिर से उठाकर रिसीवर नीचे रखा।

"लेकिन सर...मेरा कोई फ़ोन आने वाला है।"

"शादी हुई है?"

"नहीं।"

"कभी मत करना। कभी मत करना।"

अशोक कहते-कहते दूसरी तरफ़ मुड़ा तो क्लर्क ने रिसीवर उठाकर हैंडसेट पर रख दिया।

"ओके सर।"

ये कहकर क्लर्क कमरे से चला गया। अशोक मुड़ा तो देखा कि रिसीवर फिर हैंडसेट पर है। उसने गुस्से में फिर नीचे पटक दिया।

22

बड़ा बहादुर अलका के घर गया। दरवाज़े की घंटी बजाई। घर का नौकर आवाज़ देता हुआ आया।

"आया।"

"मेम साहब कहाँ हैं?"

"नहाने गई हैं।"

"कहाँ...?"

"बाथरूम में और कहाँ?"

बाथरूम में अलका कपड़े धो रही थी।

''कौन है...रामू?''

''बहादुर आया है।''

''अच्छा-अच्छा उसे अन्दर भेज दे।''

''जाओ तुम्हें अन्दर बुला रही हैं।''

''कहाँ...?''

''बाथरूम में...बाथरूम की तरफ़ जाओ।''

बहादुर बाथरूम के पास आया, अलका कपड़े धोके निचोड़ रही थी।

''नमस्ते दीदी।''

''नमस्ते...साहब कहाँ हैं?''

''उन्हीं को देखने मैं यहाँ आया हूँ।''

''क्यूँ?...ऑफ़िस नहीं गए वो?''

''सवेरे दीदी से झगड़ा हुआ...और निकल गए... मुझे तो सिर्फ़ बाज़ार में मिले थे। मुझे चाँटा मारा, और साहब सिगरेट पी रहे थे।''

''कौन?...अशोक सिगरेट पी रहा था?''

''जी...साहब पागल हो गए हैं।''

''चुप कर! कुछ भी बोलता रहता है। मर्दुआ कहीं का। बड़-बड़ करता रहता है। अच्छा तुझे मिले तो उससे कहना मैंने उसे बुलाया है। घर जाते हुए मुझसे मिलकर जाए।''

''लेकिन आज तो वो घर जाएँगे नहीं।''

''क्या?...घर नहीं जाएँगे?''

''नहीं...वो दीदी से झगड़ा हुआ। हार को लेकर।''

''अच्छा...अच्छा...तो वो वहीं होगा। सुनार के पास। तू जाके वहीं मिल ले।''

बहादुर सिर हिलाता वहाँ से चला गया।

23

सुनार की दुकान पर छेदीलाल अपने सामने बैठे गनेशीलाल से कह रहे थे।

"गनेशीलालजी, बात ये है कि पैसे नक़द तो नहीं मिल सकते। मेरी अशोक बाबू से बातचीत हुई थी। उन्होंने कहा है पहुँचते ही पैसे पहुँचा देंगे। और अशोक बाबू शहर के बहुत बड़े आदमी हैं। आप तो जानते हैं।"

"व्यापार में क्या है छेदीलालजी, कि हम सबको जानते हैं, लेकिन किसी को नहीं जानते। पहचानते सबको हैं। लेकिन नहीं पहचानते।"

"अच्छा...आप अशोक बाबू को नहीं पहचानते?"

"पहचानते हैं, लेकिन नहीं पहचानते। आप समझते नहीं। लोगों को जानने-पहचानने लगें तो उधार देना पड़ता है। और पैसे तो नक़द ही लेते हैं। हीरों की कटाई, सफ़ाई के और जब आप बारह हज़ार के गहने बनवा रहे हैं तो दो हज़ार-ढाई हज़ार कोई चीज़ है?"

"देखिए, अशोक बाबू से बात करके कल या परसों तक..."

"कल या परसों?"

"कल ही आ जाइए, दिला दूँगा।"

"तो...फिर...ये लीजिए आपके हीरे। तो फिर कल की बात पक्की।"

"जी हाँ।"

"कितने बजे?"

"ग्यारह-बारह बजे।"

"ग्यारह बजे या बारह बजे?"

"ग्यारह बजे आ जाइएगा। जय रामजी की।"

"जय रामजी की।"

गनेशीलाल दुकान के बाहर निकल रहे थे और बड़ा बहादुर अन्दर दाख़िल हुआ। और सुनार छेदीलाल के पास आकर पूछा।

"साहब आए थे?"

"अशोक साहब? सुबह-सुबह आए थे हार लेने के लिए।"

"उस हार की वजह से सब गड़बड़ हो रही है। इस वक़्त कहाँ मिलेंगे?"

"इस वक़्त का तो पता नहीं। लेकिन रात को नौ बजे आ जाएँगे यहाँ। मैंने हार देने का वादा किया है।"

"सुबह किस वक़्त आए थे?"

"यही कोई दस बजे।"

"सिगरेट पी रहे थे?"

"मैंने तो नहीं देखा। वो निस्वार लिया करते हैं।"

"मैंने देखा है। सिगरेट पी रहे थे।"

"हूँ।"

"वो भी गाँजा भर के।"

"क्या कह रहा है?"

"साहब पागल हो गए हैं।"

उसी वक़्त मंसूर मियाँ किसी काम से उस तरफ़ आए और सुनकर पूछा।

"किस पर पागल हो गए हैं?"

"हाँ?"

"अर्ज़ किया है, किस पर ऐसे पागल हो गए हैं? जो पहर-दोपहर में हीरों से जड़ा हार बनवाने पे तुले हैं।"

"हार तो दीदी के लिए बनवा रहे हैं।"

"अजी छोड़िए हज़रत! माँ, दीदी के लिए भी कोई

इतनी उतावली में हार बनवाता है।"
"दीदी तो मेरी हैं। उनकी तो बीवी हैं।"
"बीवी तो बरस में बासी हो जाती है। कोई साली-वाली नहीं है उनकी?"

ये सुनकर बहादुर झल्ला गया। और वहाँ से चला गया। दुकान में बैठे लोग हँस पड़े।

24

अशोक की साली तनु बैक स्टेज पर भूषणजी से बात करते हुए अपने गाने की डायरी उलट-पलटकर देख रही थी।

आज के इस फ़ंक्शन पर उसके जीजाजी और दीदी दोनों आने वाले थे। लेकिन वक़्त होने पर भी अभी तक नहीं पहुँचे थे। तनु ने भूषणजी से कहा।

"देखो कोई भी नहीं आया, न दीदी आई, न जीजाजी, दोनों की सीटें ख़ाली हैं।"
"आप चिन्ता मत कीजिए। हो सकता है रास्ते में कहीं अटक गए हों। आते ही बिठा दूँगा। सीटें तो रखी हैं।"
"मुझे तो डर लग रहा है। मैं तो इंटरवेल में चली जाऊँगी। उसके बाद तो मेरा कोई आइटम भी नहीं है।"
"अभी तो आप जाइए। इंटरवेल में देखते हैं।"

तनु गाना गाने के लिए स्टेज की तरफ़ चली। तभी उसे याद आया डायरी तो भूषणजी के हाथ में रह गई और वो वापस डायरी लेने गई।

"गाना तो डायरी में लिखा है।"

डायरी लेकर स्टेज पर पहुँची, तालियाँ बजने लगीं और तनु ने गाना शुरू किया।

रोज़ रोज़ डाली डाली
क्या लिख जाए भँवरा
कलियों के नाम कोई
लिखे पैग़ाम कोई
बावरा भँवरा बावरा।

तनु ने गाते-गाते सामने दर्शकों पर नज़र डाली तो देखा उसके जीजाजी और बहादुर थिएटर में दाख़िल हुए और एक शख़्स उन्हें सीट पर बिठा रहा था। इतने में भूषणजी वहाँ बैठे और अशोक से कहा।

"आप यहाँ...आपकी सीटें तो आगे हैं।"

"हमें तो उसने यहीं बिठाया।"

"नहीं नहीं...आप चलिए। आपकी पत्नी कहाँ हैं?"

"वो तो हैं ही नहीं।"

इतने में पीछे बैठे आदमी ने कहा।

"आप लोग हमें डिस्टर्ब कर रहे हैं। उधर जाकर बैठ जाइए।"

"हाँ...हाँ जाते हैं।"

भूषणजी, साथ-साथ छोटा अशोक और छोटा बहादुर आगे की सीट पर आकर बैठ गए। तनु को कुछ सुकून हुआ। उसका गाना चल रहा था।

बीते हुए मौसम की
कोई निशानी होगी
दर्द पुराना कोई
याद पुरानी होगी

कोई तो दास्ताँ होगी ना।

छोटे अशोक ने सिगरेट निकालकर जलाई और पीने लगा। गाते-गाते तनु ने ये देखा तो उसके चेहरे पर ग़ुस्सा झलक गया। लेकिन अपने गाने को गाती रही।

होगा कोई वादा होगा
वादा निभाता होगा
शाख़ों पे लिखकर
याद दिलाता होगा
याद तो आती ही होगी ना

गाना ख़त्म हुआ। स्टेज का पर्दा गिरा। कुछ ही देर बाद, भूषणजी अशोक के पास आए और कहा।

''सुनिए, आपको तनुजी बुला रही हैं। मेकअप रूम में।''

बहादुर ने बीच में पूछा।

''वही जो गाना गा रही थी?''

छोटा अशोक कुछ समझ नहीं पाया। चिढ़ के पूछा।

''क्यूँ...क्यूँ...''

''जी ये तो आप जाने या तनुजी। हो सकता है कुछ इनाम-वनाम चाहती हों।''

बहादुर फिर बोला।

''लेकिन...और किसी ने तो कुछ दिया नहीं।''

छोटे अशोक ने कुछ समझकर सिर हिलाया और जेब में हाथ डालकर रुपए निकाले और कहा।

''अरे हाँ...नहीं, नहीं मैं समझ गया। ये दस रुपए

हमारी तरफ़ से उन्हें दे दीजिएगा। कहिएगा, गाना हमें बहुत अच्छा लगा।"

बहादुर ने दस का नोट देखकर कहा।

"चेंज नहीं हैं?"

फिर भूषण से कहा।

"पाँच रुपए वापस ले आइएगा।"

अशोक बोला।

"अरे नहीं-नहीं..."

फिर बहादुर से बोला।

"तू महफ़िल के तौर-तरीक़े नहीं जानता। आप पूरे रख लीजिएगा।"

भूषणजी ने कुछ न समझते हुए दोनों को देखा और कहा।

"कैसी बात कर रहे हैं! लगता है आपका आपस में झगड़ा हुआ है।"

अशोक ने बहादुर की तरफ़ मुँह कर धीरे से कहा।

"गैंग...लग रहा है।"

छोटे अशोक ने अपने और बहादुर के झगड़े को समझा।

"हाँ...हम दोनों का झगड़ा हुआ है, वो हुआ तो था होटल में। आपको क्या लेना-देना उससे। आप अपना काम कीजिए। चल बहादुर।"

इतना कहकर दोनों थिएटर से बाहर लॉबी में आ गए। बहादुर ने पूछा।

"पैसे सँभाल के रखे हैं?...गैंग का यहाँ भी डर है।"

अशोक ने इशारे में आँटी बताई।

"आँटी में हैं।"

बहादुर बोला।

"मैं पॉपकोर्न लेकर आता हूँ।"

"चाय नहीं पियोगे।"

"तुम पियो।"

25

थिएटर की कैंटीन पर छोटा अशोक आया। वहाँ पहले से एक पुलिस इन्स्पेक्टर ऑफ़िसर खड़ा चाय पी रहा था। अशोक ने कैंटीन वाले से कहा।

"एक चाय देना भाई।"

दुकानदार चाय देने लगा। अशोक ने सिगरेट निकाली और जलाने लगा, उसी वक़्त उसकी नज़र सामने पड़ी। सामने पुलिस ऑफ़िसर उसे हाथ हिलाकर आदाब कर रहा था।

छोटा अशोक समझ नहीं पाया बस सिर्फ़ हलका-सा मुस्करा दिया। अशोक ने सिगरेट का एक कश लिया और चाय की प्याली उठाई। तभी तनु पीछे से आई। जो उन्हें अपना जीजाजी समझ रही थी। आके अशोक के मुँह से सिगरेट निकालकर फेंक दी। अशोक चौंक गया।

"क्या हुआ?..."

"तो बहादुर ठीक ही कह रहा था, ये नया शौक चढ़ा है आपको।"

"अरे, आपने मेरी सिगरेट क्यूँ फेंक दी?"

"बहुत शौक है गाँजा पीने का, तो घर चलकर पीजिए।"

"होश में हैं आप? गाँजा मैं पी रहा हूँ कि आपने पी रखा है?"

"जीजाजी, शर्म आनी चाहिए आपको इस ढंग से बातें करते हुए।"

"अरे ख़्वाहमख़्वाह गले पड़ रही हैं आप। मैं आपका जीजाजी कब से होने लगा?"

"जब से आपने मेरी दीदी से शादी की है।"

"ये लो..."

पुलिस ऑफ़िसर जो पास खड़ा चाय पी रहा था। दोनों की नोक-झोंक सुन रहा था।

"एक न शुद...दो शुद...एक गले से उतरी नहीं। दूसरी और मढ़ दी। देखिए मैडम, मेरी कोई शादी-वादी नहीं हुई है।"

तनु कुछ सोचकर बोली।

"ओहो...तो बहादुर ठीक कह रहा था।"

"बहादुर...आप बहादुर को कैसे जानती हैं?"

"आप नहीं जानते?"

"आ..हँ...मैं तो जानता हूँ। आप कैसे जानती हैं?"

"वो मैं बाद में बताती हूँ। आप पहले घर चलिए।"

तनु ने अशोक का हाथ पकड़ लिया और खींचकर ले जाने लगी। अशोक ने झटके से हाथ छुड़ाया।

"चलिए...अरे...होश में आइए। ये आप क्या कर रही हैं?"

"जीजाजी...मैं कह रही हूँ, आप सीधी तरह से घर चलिए, नहीं तो अच्छा नहीं होगा...चलो।"

"मेरा हाथ छोड़िए। आप ये, सरे-बाज़ार मेरी इज़्ज़त लूटने पे तुली हैं ख़्वाहमख़्वाह!"

अब तनु की बर्दाश्त ख़त्म हो गई। उसकी आँखें भर आईं। रोते हुए उसने कहा।

“जीजाजी, शर्म आनी चाहिए आपको, सबके सामने तमाशा कर रहे हैं।”

पीछे से पुलिस ऑफ़िसर ने आकर कहा।

“अशोक...देखो बेहतर यही होगा, तनु के साथ तुम घर चले जाओ।”

“इनके साथ-साथ आप भी शुरू हो गए।”

“अशोक...!”

बड़े गुस्से में छोटे अशोक ने पुलिस ऑफ़िसर को कहा।

“ये अशोक...अशोक-अशोक क्या लगा रखा है?... किसी से नाम मालूम कर लिया और पड़ गए पीछे।”

“बड़ी शर्मनाक बात है। मैं अब तक घर की बात समझकर दख़ल नहीं देना चाहता था। लेकिन बहुत ज़्यादती कर रहे हो।”

अशोक ने कुछ कहने के लिए मुँह खोला, लेकिन बीच में पास खड़ा एक और आदमी बोला।

“देखिए साहब, घर की बात घर ही में रहे तो अच्छा है।”

अशोक चिढ़ गया।

“आप समझते नहीं, ये जो रिश्ता मेरे साथ बता रही हैं...”

“मैं सब समझता हूँ। साली अगर अपने जीजाजी के साथ रिश्ता बनाना चाहे तो...”

“आप चुप रहिए। कुछ जानते तो हैं नहीं, और...”

अब अशोक ने चिढ़ाया।

“हाँ...चुप रहिए। ये आपके गैंग का है नहीं, इसलिए चुप रहिए...और ये इन्स्पेक्टर आपके

साथ मिला हुआ है। इसलिए...''

पुलिस ऑफ़िसर ने ग़ुस्से से कहा।

''अशोक...शराफ़त से घर चलो। नहीं तो थाने ले चलूँगा। चलो मैं तुम्हें ख़ुद घर लेकर चलता हूँ। चलो तनु।''

''किसके घर? इसके?''

पुलिस ऑफ़िसर चिल्लाकर बोला।

''शराफ़त से घर चलते हो या...''

''चलता हूँ...चलता हूँ; डरकर लेकिन...''

''लेकिन क्या?''

''वो बहादुर...आ जाए।''

''बहादुर ख़ुद आ जाएगा।''

पुलिस ऑफ़िसर ने अशोक का हाथ पकड़ा और खींचकर एक तरफ़ ले जाने लगा। पीछे-पीछे तनु भी आने लगी।

26

पुलिस ऑफ़िसर छोटे अशोक को बाहर अपनी जीप तक लाया और बैठने के लिए कहा। अशोक कुछ समझा नहीं और कहा।

''मुझे जीप चलानी नहीं आती।''

''जीप मैं चलाऊँगा। तुम अन्दर बैठो।''

अशोक जीप में बैठा। दूसरी तरफ़ से तनु आकर बैठ गई। पुलिस ऑफ़िसर ने जीप स्टार्ट की और आगे बढ़ा दी। जब तक बहादुर पॉपकोर्न लेकर लौट आया था। ये देखकर चिल्लाया।

''साहब...साहब...''

पास खड़ी टैक्सी की तरफ़ लपका। टैक्सी

ड्राइवर फिर वही था जिसने उन्हें स्टेशन से होटल पहुँचाया था।

''ये टैक्सी ख़ाली है...चलो।''

''एम्प्रेल होटल?''

''नहीं-नहीं...वो जीप जा रही है उसके पीछे।''

''बैठो...बैठो...''

''चलो...चलो।''

टैक्सी जीप का पीछा करते-करते जा रही थी। एक जगह आकर जीप किसी तरफ़ मुड़ गई और टैक्सी अलग रह गई।

27

तनु, पुलिस ऑफ़िसर और छोटा अशोक के साथ अपने घर में दाख़िल हुई। ऑफ़िसर ने कहा।

''अगर तुम गंगा प्रसाद के दामाद नहीं होते तो तुम्हें इसी वक़्त मैं बन्द कर देता।''

अशोक ने अपना हाथ छुड़ाया जो पुलिस ऑफ़िसर ने पकड़ रखा था और बोला।

''अरे भाड़ में गया तुम्हारा गंगा प्रसाद। मैं सब समझ रहा हूँ। तुम लोगों का गैंग है गैंग।''

तनु तेज़ी से अशोक के पास आई और उसे ख़ामोश कराने लगी।

''जीजाजी...प्लीज़।''

''अरे भाड़ में गया तुम्हारा जीजाजी...ये औरत भी इस गैंग में मिली है। ठीक है मैं देख लूँगा।''

अशोक ने पुलिस ऑफ़िसर की वर्दी पर लिखा नाम पढ़ा।

''देख लूँगा...सिन्हा में देख लूँगा। एक दफ़ा मैं

छूट जाऊँ। तुम्हारी छुट्टी कर दूँगा। मैं...''

शोर सुनकर घर के अन्दर से सुधा भागती हुई आई।

''सिन्हा साहब...सिन्हा साहब क्या हुआ? कुछ झगड़ा-वगड़ा हो गया क्या?''

''कुछ नहीं हुआ सुधा। इसका मिज़ाज आज कुछ बिगड़ा हुआ है। तुम इसे सँभालो, मैं चलता हूँ।''

पुलिस ऑफ़िसर के जाते ही सुधा ने अशोक का हाथ पकड़ा। अशोक ने डरके अपना हाथ छुड़ाया। सुधा बोली।

''सुबह की बात भूल जाओ। जो हुआ सो हुआ। अब मैं कभी कुछ नहीं माँगूँगी तुमसे।''

और फिर से हाथ पकड़कर ज़बर्दस्ती घर के अन्दर ले जाने लगी। अशोक घबराया हुआ कुछ समझ नहीं पा रहा था कि ये क्या हो रहा है!

''कुछ नहीं बोलूँगी...हार लाए?''

''हार...?''

''कुछ नहीं। कुछ नहीं बोलूँगी।''

पीछे-पीछे तनु आ रही थी, वो बोली।

''ज़रा सँभाल के दीदी। बहुत वायलेंट (violent) हो रहे हैं। बेडरूम में ले जाओ।''

बेडरूम का नाम सुनकर अशोक घबरा गया।

''बेडरूम...बेडरूम क्यूँ?''

''आप इतना घबरा क्यूँ रहे हो? अपनी बीवी के साथ ही तो जा रहे हैं।''

सुधा ने मिन्नत की।

''आओ ना...चलें।''

अशोक ने उन्हें समझाने की कोशिश की।

''मैं जो कह रहा हूँ वो ज़रा ग़ौर से...''

"सब सुनूँगी..."

फिर हाथ पकड़ लिया सुधा ने।

"चलो जी, ऊपर चलें।"

ज़बर्दस्ती सुधा हाथ पकड़कर ले जाने लगी।

"ऊपर चलिए...आराम से बोलते रहना। मैं सब सुनती रहूँगी।"

खींचकर सुधा अशोक को बेडरूम में ले गई। तनु बाहर का दरवाज़ा बन्द करके पलटी तो प्रेमा मिली।

"बहादुर...कहाँ है?"

"वो तो नहीं आया। दोपहर को साहब को ढूँढ़ने गया था। तब से अभी तक नहीं लौटा।"

"आता ही होगा वो भी। दोनों ने मिलकर ऐसी खिचड़ी पकाई है...कि नाक में दम कर दिया है। जीजाजी तो जीजाजी, वो भी पागल बना हुआ था। उसके भी सिर पे भूत सवार है, जैसे जानता ही नहीं है। मैं गाना गा रही थी, वो ऐसे दीदे फाड़-फाड़कर देख रहा था कि...और तो और जीजाजी के बग़ल में बैठकर पॉपकोर्न फाँक रहा था। आने दो उसे, मैं ठीक करती हूँ।"

"रहने दीजिए मैं समझा लूँगी। बेचारा सुबह से परेशान था। पता नहीं कुछ खाया भी कि नहीं।"

घर के बाहर टैक्सी से छोटा बहादुर उतरा। फिर टैक्सी वाले से पूछा।

"यही घर था?"

"हाँ..."

टैक्सी चली गई। छोटा बहादुर बन्द दरवाज़े के बाहर आया। और इधर-उधर देखा। सोचा साहब को कैसे ख़बर करे कि वो आ गया है। अचानक एक तरकीब सूझी और

गाने लगा।

"प्रीतम आन मिलो..."

अन्दर बैठी तनु और प्रेमा ने सुना। तनु बोल पड़ी।

"देखा...देखा उसकी हरकतें। पहले कभी इस सुर में आवाज़ सुनी थी बहादुर की?"

बहादुर बाहर खड़ा गा रहा था।

"प्रीतम आन मिलो।"

गुस्से में तनु दरवाज़े की तरफ़ बढ़ी।

प्रेमा ने रोका।

"नहीं दीदी...मैं...मैं उसे समझा लूँगी। आप...आप जाओ ऊपर...जाओ।"

फिर बहादुर के गाने की आवाज़ आई। प्रेमा ने दरवाज़ा खोल दिया। बहादुर दरवाज़े से कान लगा के खड़ा था। छूटते ही प्रेमा ने पूछा।

"इतनी देर कहाँ लगा दी?"

बहादुर चौंक गया।

"जी मेरा मतलब है। साहब अन्दर...हैं?"

प्रेमा ने हाथ पकड़कर बहादुर को अन्दर खींचा और दरवाज़ा बन्द कर दिया।

"अरे अन्दर भी आ। बाहर ही खड़ा रहेगा?"

छोटे बहादुर को कुछ समझ नहीं आया—पूछा।

"अशोक साहब आए हैं?"

प्रेमा लाड़ करने लगी।

"क्या हालत बना रखी है। सुबह से कुछ खाया भी कि नहीं?"

छोटा बहादुर घबरा गया। एक औरत का उसके साथ ऐसी हरकत करना ठीक नहीं

लगा। प्रेमा छोटे बहादुर का मुँह पोंछने लगी। घबरा के बोला।

"खाया...अशोक साहब आए हैं क्या?"

"अरे...ये साहब को नाम लेकर कब से बुलाने लगा?"

"वैसे जी...मैं नाम लेकर नहीं बुलाता। सोचा आप..."

प्रेमा और भी उलझ गई।

"ये...आप, आप क्या लगा रखी है? ख़बरदार जो मुझे इतनी तमीज़ से बुलाया तो...चल।"

"कहाँ?..."

"चल...सुबह से पता नहीं कहाँ भटक रहा था?"

उसे खींचकर प्रेमा अन्दर ले गई, किचन की तरफ़!

28

किचन के दरवाज़े पर छोटा बहादुर खड़ा हो गया। और प्रेमा बोलते-बोलते अन्दर दाख़िल हुई।

"साहब ऊपर गए हैं। अभी आवाज़ आएगी, कि कुछ भेजो।"

"अगर आप इजाज़त दें तो...मैं ऊपर..."

प्रेमा प्याज़ काट रही थी, हाथ रोककर बोली।

"देख बहादुर अगर मेरे सामने नाटक किया तो। झाड़ू से मार-मार के तेरा भूत उतार दूँगी। चल अन्दर, आ बैठ।"

डरता हुआ बहादुर किचन में चला गया।

"इधर बैठ, मसाला पीस। अरे बैठ ना! अभी ऊपर से आवाज़ आएगी, कुछ खाने को भेजो।

मसाला पीसना तो शुरू कर।"

छोटा बहादुर कुछ न समझते हुए सिल-बट्टे पर मसाला पीसने लगा और पूछा।

"क्या भिजवाना है ऊपर?"

"थोड़े से पकौड़े बना दे प्याज़ के, दो-चार बैंगन के भी डाल दे।"

"बैंगन तो साहब खाते नहीं।"

"क्या?...बैंगन नहीं खाते? अरे रोज़ घर में सेर-सेर भर बैंगन बनता है। कौन खाता है?...मैं खाती हूँ... या तू खाता है।"

"नहीं, मैं तो कह रहा था कि..."

"जैसा मैं कह रही हूँ। वैसा करना।"

"ठीक है जैसा आप कहें..."

इतना सुनते ही प्रेमा ने पास पड़े चिमटे से बहादुर को फटकारा।

"फिर ये...आप-आप का नाटक शुरू किया।"

छोटा बहादुर समझ गया कि फँस गया। अब उसे झूठ-मूठ एक्टिंग करनी पड़ेगी।

"क्या है कि तू समझती तो है नहीं।"

"हूँ, आया न अपनी जगह पर।"

"आ गया...वो क्या है कि नाटक कभी-कभी करना पड़ता है।"

"क्या?..."

कुछ सोचते हुए बोला।

"साहब क्या कर रहे होंगे ऊपर?"

29

ऊपर कमरे में सुधा छोटे अशोक को शराब का गिलास बनाकर दे रही थी।

"लो पियो।"

"मैं...शराब नहीं पीता। मैं तो छूता तक नहीं।"

सुधा बोली।

"अब ज़िद मत करो। रोज़ जब मना करती हूँ तो मानते नहीं हो...और आज जब मैं प्यार से दे रही हूँ तो..."

"रोज़?...किस रोज़ की बात कर रही हैं आप?"

"अब ये आप-आप छोड़ो ना...पियो ना।"

उसी वक़्त तनु की आवाज़ आई। वो कमरे के दरवाज़े से अपनी दीदी को बुला रही थी।

"दीदी..."

सुधा पलटकर दरवाज़े की तरफ़ देखने लगी। फिर तनु की आवाज़ आई।

"दीदी...इधर आओ।"

सुधा तनु के पास गई। तनु अपनी दीदी को समझाने लगी।

"अब ज़्यादा ग़ुस्सा मत करना।"

सुधा ने सिर हिलाते हुए दुखी मन से कहा।

"नहीं..."

"जैसे भी हो, प्यार से मनाना। मुझे तो सचमुच उनके दिमाग़ में ख़लल लगता है। और हार की बात तो भूल के भी मत करना।"

ये सुनकर सुधा और डर गई और दुखी मन से कहा।

"अब तो ज़िन्दगी भर हार नहीं माँगूँगी। भगवान बस उन्हें एक बार ठीक कर दें...पता है...मुझे आप-आप कह रहे थे।"

सुधा की आँखें भर आईं। वो सिसकने लगी।

"जैसे मैं कोई नहीं लगती..."

"चुप हो जाओ। रोते हुए जाओगी तो और ग़ुस्सा

करेंगे। जो कुछ भी कहें, चुपचाप मान लेना। ठीक है...जाओ।''

तनु ने समझा-बुझाकर फिर से अशोक के पास भेजा। जो अपनी आँटी में पैसे सँभाल रहा था वो सलामत है। सुधा फिर पास आ गई। उसको आँटी टटोलते देखकर पूछा।

''हाय राम, फिर से अपेंडिस का दर्द शुरू हुआ?''

छोटा अशोक घबरा के खड़ा हो गया।

''कुछ नहीं हुआ।''

''बताते क्यूँ नहीं?...बताओ ना।''

''कुछ नहीं...वैसे ही...मैंने धोती ज़रा कस के बाँधी थी ना, इसलिए...''

''तो धोती उतार दो।''

''कैसी बातें करती हैं आप?''

''फिर?...फिर आप?...''

''ऐसी बातें करते हुए शर्म नहीं आती आपको? तुमको?''

''घर आकर कपड़े नहीं उतारते क्या? आर तुम्हें कहते हुए मुझे काहे की शर्म, जैसे कभी देखा नहीं तुम्हें बग़ैर कपड़ों के।''

अशोक बड़ी हैरत से बोला।

''क्या?...मुझे नंगा देखा है आपने?''

सुधा हँस के बोली।

''नँगा नहीं कहते।''

''क्या कहते हैं?''

उसने बड़ी अदा से जवाब दिया।

''बिना कपड़ों के कहो।''

''हाँ...वस्त्रहीन...है ना?''

सुधा की निगाह शराब के प्याले पर गई। जो वैसे का वैसा पड़ा था। उठाकर अशोक के

लेकिन अशोक की सुई अटक गई थी। उसने फिर से बहादुर से पूछा।

"लेकिन मैं ये क्या सुन रहा हूँ कि तू बाप..."

और बहादुर कह रहा था।

"तुम ऊपर सँभालो...नीचे मैं सँभाल लेता हूँ।"

"नीचे कौन है?"

"प्रेमा।"

"लेकिन प्रेमा को तो बच्चा होने वाला है।"

"आहिस्ता...आहिस्ता..."

"लेकिन प्रेमा को तो बच्चा होने वाला है। वो माँ बनने वाली है। सुना है तू उसका बाप..."

"मैं जो कह रहा हूँ वो करो बाबू, यहाँ से निकलो... यहाँ अभी औरतें-औरतें ही नज़र आ रही हैं। उनके मर्द आ गए तो..."

अशोक ने सुधा को आते देख लिया।

"आहिस्ता-आहिस्ता, वो आ रही है।"

"पैसा कहाँ है?"

"रखा है...है...लेकिन मैं ये क्या सुन रहा हूँ कि, तू बाप..."

"मैं जो..."

सुधा को अन्दर आते देखकर बहादुर चुप हो गया। सुधा ने दरवाज़े से ही कहा।

"ये तुम दोनों क्या खुसर-फुसर कर रहे हो?"

दोनों चुप हो गए। बहादुर पकौड़े की प्लेट वहीं रख के चला गया। सुधा अशोक के पास आकर बैठ गई।

"बहादुर को क्या कह रहे थे?"

"वो...मैं...पूछ रहा था, कौन सा महीना चल रहा है?"

अशोक ने पकौड़े की प्लेट उठा ली। सुधा

को खिलाने के लिए। सुधा ने कहा।

''मुझे तो लगता है तुम दोनों ने मिलकर ये नाटक रचा है। हमें सताने के लिए। चटनी दूँ?''

''हाँ।''

सुधा चटनी प्लेट में डालने लगी। अशोक ने कहा।

''बस...बस...लो पकौड़े खाओ।''

अशोक अपने हाथों से सुधा को पकौड़े खिलाने लगा।

''मेरे हाथों से...लो।''

''शुक्र है...कुछ तो नर्म हुए।''

''तो खाओ ना। नर्म है ना।''

सुधा ने पकौड़ा खाया। और खाते हुए कहा।

''तुम भी खाओ ना।''

अशोक ने शराब का गिलास देखकर तरकीब सोची।

''मैं...नहीं मैं...पहले ये गिलास ख़त्म कर लूँ उसके बाद।''

''अच्छा-अच्छा मैं पिलाती हूँ। अपने हाथों से।''

सुधा ने वो जाम उठाया और अपने हाथों से पिलाने लगी।

''नहीं...नहीं...''

अशोक ने शराब का एक घूँट पिया और उसके गले में एक तेज़ धचका लगा। सुधा पकौड़े खिलाने लगी।

''खाओ...ये खाओ।''

लेकिन अशोक ने ज़िद की।

''नहीं...तुम खाए जाओ। पकौड़े खाओ।''

सुधा ख़ुश हो गई। अशोक के मीठे स्वभाव से। और उसने और पकौड़े खाए।

"बड़ी अच्छी लगती हो जब तुम खाती हो। ऐसा लगता है, खाती तुम हो, तन मेरे लगता है।"

सुधा ने खाते-खाते अपना सिर अशोक के कन्धों पर रखा और कहा।

"पता है। कितने दिनों बाद, मुझे लाड़ से, प्यार से खिला रहे हो।"

और प्यार करने के लिए सुधा खाते-खाते अपना मुँह अशोक के क़रीब ले गई।

30

बड़ा अशोक सुनार के यहाँ बैठा था। और बेचैन होकर बोला।

"छी...बहुत बुरी बात है। आप वादा करके इतनी देर लगा रहे हैं।"

"जी छः-छः कारीगर लगा रखे हैं। आप तो देख ही रहे हैं। हीरों जड़ा हार है। कहीं एक भी कन्नी टूट गई तो, मैं कहाँ से भरूँगा?"

यह सुनकर अशोक चुप हो गया। और झुँझलाहट में टहलने लगा। जैसे ही दरवाज़े की तरफ़ बढ़ा। देखा सामने से बहादुर आ रहा है।

"तू यहाँ कैसे आ गया?...पिक्चर देखकर आ रहा है?"

"वो क्या है कि...आप मिले नहीं...तो फिर मैंने सब जगह ढूँढ़ा। तो इन्होंने बताया आप यहाँ नौ बजे आने वाले हैं। इसलिए मैं 6 से 9 की पिक्चर में चला गया।"

"आजकल पिक्चर बहुत देखने लगा है।"

"नहीं मैं..."

अशोक ने जेब से नस्वार निकाली और सूँघने लगा। ये देखकर बहादुर थोड़ी सोच में पड़ गया।

"कितना अच्छा लग रहा है नस्वार लेते हुए।"

"हूँ..."

"ख़्वाहमख़्वाह सुबह सिगरेट पीकर मारामारी शुरू कर दी।"

अशोक ने ग़ुस्से से देखा।

"किससे मारामारी शुरू कर दी?"

बहादुर घबरा गया।

"मैं...मैंने एक सपना देखा था।"

"क्या?..."

"कि आप सिगरेट पी रहे हैं और सिगरेट में पता नहीं क्या...क्या था। बस पीकर आप मारने लगे। और कहने लगे, मेरी तो कोई शादी नहीं हुई है। मेरी तो कोई बीवी नहीं...न साली है।"

अशोक मुस्कराया।

"अरे बहादुर, काश तेरा ये सपना सच होता! न बीवी होती, न साली!"

बहादुर ने अपना गाल सहलाया।

"थप्पड़ तो बड़ी ज़ोर का पड़ा था।

"ख़ैर थप्पड़ तो तू सह लेता है। लेकिन इस वक़्त घर से बाहर तो नहीं बैठना पड़ता।"

"मेरी सुनिए...घर चलिए, दीदी ने सवेरे से कुछ खाया नहीं है।"

"बग़ैर हार लिये, मैं उस घर में क़दम नहीं रखूँगा, मैंने क़सम खाई है।"

"बेचारी दीदी का क्या होगा?"

"बेचारी...ये सब उस बेचारी के लिए तो हो रहा है।"

31

छोटा अशोक शराब का प्याला लिये हुए। थोड़ा सा नशे में...सुधा को कमरे में छोड़ के बग़ल वाले कमरे में आया, जहाँ तनु बिस्तर पे लेटी कोई नॉवल पढ़ रही थी। अपने जीजाजी को कमरे में आते हुए देखा। तो हँसकर पूछा।

"कहिए, कैसे मिज़ाज हैं आपके?"

अशोक एक हाथ में भाँग के पकौड़े और दूसरे हाथ में जाम लिये हुए अन्दर आया और मुस्कराते हुए कहा।

"नवाज़िश है आपकी। पहले से बेहतर हूँ।"

"लेकिन, अभी लगता है? ड्रामा बाक़ी है। आप-आप अभी ज़बान से उतरा नहीं। आइए... बैठिए।"

पास पड़ी कुर्सी पर अशोक बैठ गया। अशोक के हाथ में पकौड़े देखकर तनु बोली।

"पकौड़े..."

"हूँ, खाओ।"

तनु ने एक बड़ा-सा पकौड़ा उठा के मुँह से काटा।

"आप भी खाओ।"

"नहीं...नहीं, मैं कैसे? मतलब मैं पी रहा हूँ ना।"

तनु ने अपने हाथ से पकौड़ा उठाकर खिलाया।

"खाओ ना...पी रहे हो तो क्या हुआ? दीदी कहाँ हैं?"

मुस्करा के अशोक ने हाथ फेरा।

"बराबर कर दिया।"

"आपसे मुझे यही उम्मीद थी। लेकिन आप इतने

बड़े एक्टर हैं, ये मैं नहीं जानती थी।"

"अगर जान जाओ तो फिर एक्टिंग ही क्या हुई! पकोड़े खाओ।"

ख़ुश होकर अशोक ने जाम से एक सिप लिया। तनु ने एक और पकौड़ा मुँह में डाल लिया। अशोक ने गम्भीरता दिखाते हुए कहा।

"अच्छा...एक बात बताओ!...अगर मैं तुम्हारे प्रोग्राम पर आता ही नहीं तो क्या होता?"

"आते नहीं?...कैसे नहीं आते। मैं देखती..."

"नहीं-नहीं...लेकिन अगर मैं...जाता ही नहीं तो?"

"जाते कैसे नहीं? दो महीने से आपके लिए इतनी रिहर्सल हो रही थी और आप ऐन मौक़े पे कैसे नहीं आते?"

"दो महीने से?"

"हूँ।"

कुछ समझते हुए अशोक ने अपने आपसे कहा।

"समझा! तभी इतना सब कुछ परफ़ेक्ट हो रहा है। ये जासूसी काफ़ी देर से चल रही है।"

"जी...!"

"समझ गया मैं...लो खाओ।"

तनु ने एक और पकौड़ा उठाया और खा लिया।

"अच्छा फ़र्ज़ करो, मैं अगर यहाँ पहुँचता ही नहीं तो..."

"पुलिस से पकड़वा के ले आती। आप मुझे इतना मामूली मत समझिए।"

"पुलिस?...पुलिस भी शामिल है। मामूली समझने का तो सवाल ही पैदा नहीं होता, फिर तो..."

तनु को पकौड़ों का स्वाद कुछ अलग-अलग लग रहा था। उसने कहा।

"ये प्रेमा ने क्या मिला दिया पकौड़ों में?"

"बेसन।"

"वो तो होता ही है।"

"काँदा, प्याज़।"

"वो नहीं जीजाजी।"

अशोक को खिलाने लगी।

"खा के देखिए जीजाजी।"

"नहीं...मैंने कितना खाया।"

"मैं ख़ुद ही नीचे देखकर आती हूँ किचन में।"

तनु खड़ी हो गई। अशोक ने रोका।

"ठहरो-ठहरो, नीचे जाने की क्या ज़रूरत है? वैसे इसमें कुछ गड़बड़ तो नहीं है।"

फिर रोककर बोला।

"अच्छा तुम यहाँ बैठो...मैं ज़रा चखकर बताता हूँ।"

तनु पास की कुर्सी पर बैठ गई। अशोक के एक हाथ में जाम और दूसरे में पकौड़े की प्लेट थी। जाम वहीं टेबल पर रखा और एक पकौड़ा उठाकर खाया। और बोला।

"आ हा...फ़र्स्ट क्लास, कुछ गड़बड़ नहीं है। उसको छोड़ो...इस पकौड़े को खाओ। ये बड़ा वाला।"

तनु ने वो भी खा लिया। अशोक ने पूछा।

"अच्छा है ना?"

"अच्छा तो है लेकिन..."

"अच्छा होना ही असल चीज़ है। अच्छा क्यूँ है, किसलिए है, उसकी तलाश की ज़रूरत नहीं है। एक अच्छा पकौड़ा और लो...और खाओ। फूल

ख़ूबसूरत है तो ख़ूबसूरत है।"

ये सुनकर तनु हँस पड़ी, उस पर भाँग का असर शुरू हो गया था। और हँसने लगी। तभी किसी और के हँसने की आवाज़ आने लगी। तनु ने पूछा।

"ये कौन हँसा?"

"तुम्हीं तो हँस रही हो।"

वो हँसकर बोली।

"मैंने सोचा कोई और हँस रहा है।"

फिर दोनों हँस पड़े। फिर किसी और के हँसने की आवाज़ आई। तनु हँसते हुए रुक गई। पूछा।

"ये फिर कोई हँसा।"

अशोक ने सोचकर जवाब दिया।

"अरे...वो...वो नीचे प्यारी..."

"प्यारी?..."

"प्यारी नहीं...वो प्रेमा..."

"ये प्रेमा को क्या हो गया है?"

"उसको भी चढ़ गई है।"

"क्या उसने शराब पी है?"

"नहीं...ये पकौड़े...पकौड़े..."

कहते-कहते अशोक फिर हँस पड़ा साथ में तनु भी हँस दी।

32

नीचे किचन में प्रेमा पैर पसारे बैठी थी और हँसे जा रही थी। उसके सामने छोटा बहादुर एक थाली में पकौड़े लिये बैठा उसे खिला रहा था।

"ले खा..."

प्रेमा हँसने लगी। बहादुर ने कहा।

"आहिस्ता...आहिस्ता...किसी ने सुन लिया तो... मुसीबत हो जाएगी।"

बहादुर ने किचन का दरवाज़ा बन्द कर दिया। प्रेमा ये देखकर शरमा गई। बहादुर उसके पास आकर बैठ गया। प्रेमा ने लाड़ से पूछा।

"ये दरवाज़ा क्यूँ बन्द किया?"

प्रेमा लजा गई। बहादुर ने अपनी दो उँगलियाँ दिखाकर पूछा।

"अच्छा...अच्छा ये बता...ये कितनी उँगलियाँ हैं?"

प्रेमा ने उसके हाथ को पकड़कर कहा।

"दो..."

बहादुर समझ गया कि नशा अभी पूरा नहीं हुआ।

"ले एक पकौड़ा और खा ले...ले।"

"अच्छा बहादुर, क्या मैं बहुत हँस रही हूँ?"

"अच्छा है ना...हँसते-हँसते कट जाए ज़िन्दगी।"

प्रेमा बहादुर को पकोड़े खिलाने लगी।

"अच्छा तू भी खा ना।"

"नहीं...नहीं मुझे मना है। नहीं मुझे मना..."

प्रेमा ने प्यार से बहादुर के गले में बाँहें डाल दीं और बहादुर घबरा के एक तरफ़ गिर पड़ा।

33

सुनार की दुकान के बाहर बड़ा बहादुर बेंच पर सो रहा था, कि करवट लेकर गिर पड़ा।

अन्दर बड़ा अशोक भी कुर्सी पर बैठा ऊँघ रहा था। पास ही छेदीलाल भी बैठा-बैठा आँखें बन्द किए हार तैयार होने का इन्तज़ार कर रहा था। दूसरे कमरे में कारीगर काम कर रहे थे। बहादुर अशोक के पास आया।

''साहब, साहब घर चलिए ना।''

अशोक ने नींद में ही पूछा।

''हार हो गया। हो गया?''

छेदीलाल ने कहा।

''थोड़ा सा बाक़ी है साहब लेकिन...''

बहादुर ने मिन्नत की।

''मेरी सुनिए, हार सवेरे ले लेना। अभी घर चलिए।''

बहादुर ने राय दी तो अशोक ने सुनार की तरफ़ देखा। और फिर उसके हाथ की घड़ी देखी। ग़ुस्से में बोला।

''11 बज रहे हैं छेदीलाल। और कितनी देर लगेगी?''

''अशोक बाबू एक विनती करूँ? पूरा होने के बाद भी साफ़-सफ़ाई, पॉलिश होते-होते एक-डेढ़ घंटा लग ही जाएगा। ऐसी भी क्या ज़िद है। सुबह उठते ही उठते मैं हार लेकर पहुँच जाऊँगा।''

''अरे, सुबह उठते ही फिर से चक-चक शुरू हो जाएगी।''

''मैं वादा करता हूँ कि मुँह-अँधेरे ही पहुँच जाऊँगा। सोते-सोते बीबीजी के गले में हार डाल दीजिएगा।''

यह सुनकर कारीगर मंसूर मियाँ ने कहा।

''हाँ...साहब। जवानी की अठखेलियाँ, बुढ़ापे के चोंचले।''

अशोक ने मंसूर मियाँ की तरफ़ देखा, जम्हाई ली और बहादुर से कहा।

"चल...बहादुर ख़्वाहमख़्वाह दो घंटे इन्तज़ार करवाया। सुबह..."

छेदीलाल फ़ौरन बोला।

"सुबह आपके उठते ही भेज दूँगा।"

"जिस चक-चक से मैं बचना चाह रहा था। घर पहुँचकर फिर शुरू हो जाएगी।"

बहादुर बोला।

"लेकिन अब तक तो सब सो चुके होंगे... साहब।"

34

आख़िरकार प्रेमा भी लुढ़क गई। बहादुर किचन से दबे पाँव निकला। इधर-उधर देखकर, सीढ़ियों से ऊपर वाले कमरे की तरफ़ गया। एक कमरे के दरवाज़े पे खड़ा, अन्दर से आने वाली आवाज़ सुनने लगा। अन्दर कमरे में छोटा अशोक कुर्सी पर बैठा-बैठा सो गया था। पास ही बिस्तर पर तनु भी सो रही थी। छोटे बहादुर की समझ में कुछ नहीं आया।

35

बड़ा अशोक और बड़ा बहादुर टैक्सी से घर आ रहे थे। दोनों ही टैक्सी में सो रहे थे। घर के क़रीब टैक्सी आकर रुकी। झटके से आँख खुल गई। अशोक ने कहा।

"बहादुर पैसे दे।"

"मेरे पास पैसे नहीं हैं।"

अशोक ने जेब से पर्स निकालकर दिया।

"ये ले।"

"कितना हुआ भाई।"

"पैंतीस रुपए।"

अशोक ने बाहर से ही दरवाज़ा खटखटाना शुरू किया।

"सुधा...सुधा...तनु..."

अन्दर छोटा बहादुर सीढ़ियों पर बैठा ऊँघने लगा था। बाहर से किसी की आवाज़ और दरवाज़ा पीटने की आवाज़ें आने लगीं।

"सुधा...सुधा...अरे मैं हूँ...तनु दरवाज़ा खोलो।"

छोटे बहादुर ने सुना तो डर गया।

"राम...राम...राम ये तो गैंग वाले लगते हैं।"

बाहर से अशोक आवाज़ें दे देकर थक गया। पास खड़े बहादुर से कहा।

"तू बुला...चल।"

बड़ा बहादुर बुलाने लगा।

"प्रेमा...प्रेमा।"

घर के अन्दर छोटा बहादुर डर रहा था।

"जल तू जलाल तू, आई बला को टाल तू।"

बड़ा बहादुर अभी तक बाहर से आवाज़ें दे रहा था।

"प्रेमा।"

अशोक ने कहा।

"देखा...इस घटिया औरत को।"

छोटा बहादुर दरवाज़े पे कान लगाकर बाहर खड़े बड़े अशोक और बड़े बहादुर की बातें सुन रहा था। अशोक कह रहा था।

"सारी बत्तियाँ तो जल रही हैं।"

बहादुर ने हामी भरी।

"सो तो है। मैं पीछे के दरवाज़े से जाकर देखता हूँ।"

"जाके देख...ये जान-बूझ के किया है।"

36

बड़ा बहादुर पिछले दरवाज़े पे आके प्रेमा को बुलाने लगा।

"प्रेमा...प्रेमा...प्रेमा।"

अन्दर छोटा बहादुर बहुत ज़्यादा डर गया।

"लगता है गैंग ने चारों तरफ़ से घेर लिया है।"

कुछ बड़बड़ाते हुए छोटा बहादुर पीछे के दरवाज़े की तरफ़ गया। जहाँ से बड़े बहादुर की आवाज़ आ रही थी। छोटे बहादुर को एक तरकीब सूझी, बाहर की आवाज़ पर कुत्ते की तरह भौंकने लगा। जैसे ही बड़ा बहादुर प्रेमा को आवाज़ देता, छोटा बहादुर अन्दर से कुत्ते की आवाज़ में भौंकता। बड़ा बहादुर कुत्ते की आवाज़ सुनकर घबरा गया। जल्दी से सामने के दरवाज़े की तरफ़ भागा।

37

मेन गेट पर बड़ा अशोक टहल रहा था। बड़े बहादुर ने घबरा के बताया।

"कुछ समझ में नहीं आता। लगता है जान-बूझकर सो रहे हैं। मैंने जितनी बार प्रेमा को आवाज़ दी,

अन्दर से कुत्ता भौंक रहा था।''

नींद से बेहाल अशोक भड़क उठा।

''कुत्ता?...''

''हाँ...हाँ...कुत्ता।''

''कुत्ता...कहाँ से आ गया?''

''अब मुझे क्या पता? कहाँ से आ गया? लेकिन भौंक रहा है।''

''ये हो ही नहीं सकता। सुधा अच्छी तरह जानती है मुझे कुत्तों से सख़्त नफ़रत है।''

''शायद इसी वजह से तो नहीं...कि...''

''शटअप...इतनी जुर्रत वो नहीं कर सकती।''

''लेकिन मैंने अपने कानों से सुना है।''

''तुम्हारे कान बजते हैं।''

गुस्से में आकर अशोक ने दरवाज़े को पीटा और आवाज़ दी।

''भूँ...भूँ...भूँ...''

बड़ा अशोक हैरान रह गया। बड़ा बहादुर बोला।

''आपके भी कान बज गए?''

''ठीक है...सुबह देख लूँगा। अब चल यहाँ से।''

''वो टैक्सी तो चली गई।''

बड़े गुस्से में अशोक ने कहा।

''वो टैक्सी चली गई तो...दूसरी मिल जाएगी। चल यहाँ से।''

''लेकिन कहाँ...?''

''अलका के यहाँ...नहीं पहले छेदीलाल के पास चलते हैं।''

''लेकिन छेदीलाल के पास क्यूँ?''

''उसे ये कहने के लिए...वो हार सुबह अलका के घर पहुँचा दे। समझे।''

अन्दर से फिर भौंकने की आवाज़ आई। जल्दी से आगे बढ़ गए। अन्दर छोटा बहादुर उनके जाने की बात सुनकर थोड़ा सँभल गया। दरवाज़े से हटकर बहादुर वापस किचन में आया। भूखा तो था ही फिर सामने प्लेट में पकौड़े देखकर उठाया। और खाने लगा, साथ-साथ ख़ुद को समझा भी रहा था।

'बहादुर मत खा...बहादुर पता है इसमें क्या है?... मान जा, एक भी नहीं। देख बहादुर, अपने आपको सँभाल ले...नहीं मानता?...तो खा...और खा, खा...खा के मर।'

लेकिन बहादुर भूख बर्दाश्त नहीं कर सका और पकौड़े खा गया।

38

रात के तीन बज रहे थे। दीवार की घड़ी को छोटे बहादुर ने नशे में देखा। उसकी समझ में नहीं आ रहा था कि क्या करे? ऊपर छोटा अशोक तनु के कमरे में मज़े से सोया हुआ था। तब बहादुर ने कुछ सोचकर सीढ़ियों के पास खड़े होकर धीमे से गाना शुरू कर दिया।

प्रीतम आन मिलो...
दुखिया जीवन कैसे बिताऊँ
प्रीतम आन मिलो...
रात अकेले डर लगता है
जंगल जैसा घर लगता है
चलती हैं जब तेज़ हवाएँ
लहराता हंटर लगता है

कितने हंटर खाऊँ...
प्रीतम आन मिलो...दुखिया जीवन कैसे बिताऊँ।

विरहा में कोई बोल रहा है
पीड़ा का विष घोल रहा है
फिर से जान लबों पर आई
फिर कोई घूँघट खोल रहा है
मुखड़ा कैसे छुपाऊँ...
प्रीतम आन मिलो...दुखिया जीवन कैसे बिताऊँ।

39

आख़िर उसी घर में सुबह हो गई। छोटे अशोक की आँख खुली तो ख़ुद को तनु के कमरे में पाया। तनु अभी तक सोई हुई थी। धीरे से उठकर कमरे के बाहर आया। बग़ल वाले कमरे में झाँककर देखा। सुधा भी सो रही थी। अशोक ख़ुश हो गया और नीचे आने लगा। सीढ़ियों पर छोटा बहादुर सो रहा था। उसे जगाया।

''बहादुर...''

बहादुर चौंक के जागा और बोला।

''तुम तो सो ही गए थे।''

''तू भी तो सो रहा था...चल भाग चलें। सब सो रहे हैं।''

''चलो...''

दोनों दरवाज़े पर आए तो दरवाज़े में अन्दर से ताला लगा हुआ था।

"अरे ये क्या?"

"वो प्रेमा है ना...प्रेमा ने रात को ताला लगा दिया था।"

'इसकी चाबी कहाँ है?"

"काले धागे में बाँधी हुई है।"

"अरे रखी कहाँ है उसने?"

बहादुर ने इशारे से बताया कि उसने ब्लाउज़ में रखी थी।

"अब तू निकालेगा कैसे?"

"ब्लाउज़..."

"ब्लाउज़ नहीं चाबी।"

"आप ही निकालिए ना।"

"नहीं तू जा...तेरी तो बीवी है ना...अच्छा सुन, तू बाप कैसे बनने वाला है?"

"आप भी किसकी बातों में आ गए बाबू!"

"हाँ, वही तो मैं सोच रहा था।"

फिर भागने का ख़याल आया तो जल्दी से किचन की तरफ़ आए। प्रेमा को देखा अभी तक सो रही थी। बहादुर ने पूछा।

"जगा के माँग लूँ।"

अशोक ने ताना दिया।

"हाँ जगा दे...फिर तुझे छोड़ देगी वो। ख़ैर तेरी तो बीवी है, तू यहीं रहना। मैं जाता हूँ।"

"नहीं...नहीं। ऐसा होगा तो मैं ऊपर वाली को जगा दूँगा।"

"ठीक है। मैं ख़ुद ही जगा देता हूँ।"

अशोक झूठ-मूठ मुड़ा तो बहादुर ने रोका।

"नहीं...नहीं, मैं जाता हूँ। राम...राम..."

बहादुर किचन के अन्दर आया। प्रेमा ज़मीन पे सो रही थी। उसके पास जाकर बैठ गया।

लेकिन उसके ब्लाउज़ में से चाबी निकालनी मुश्किल हो रही थी। क्या करे, क्या न करे। दूसरे ये डर कि कहीं जाग ही न जाए। बाहर से अशोक इशारे में डपट रहा था।

"जल्दी करना..."

बहादुर ने झाड़ू का एक तिनका लिया और उससे काले धागे को फँसाया। धागा हाथ में आया तो चेहरा फेरकर धागा खींचता गया। लेकिन धागा ख़त्म ही नहीं हो रहा था। अशोक की तरफ़ नज़र गई तो उसने इशारे से बताया।

"अबे...उसका ब्लाउज़ उधेड़ रहा है तू।"

उसी वक़्त प्रेमा ने करवट ली। और चाबी उसके ब्लाउज़ से गिर पड़ी। चाबी देखकर दोनों मुस्करा पड़े। बहादुर ने चाबी उठाई।

"चाबी..."

"आ जा..."

"चलो...चलो..."

दोनों जल्दी से दरवाज़े की तरफ़ लपके।

40

छोटा बहादुर और अशोक वहाँ से सीधा भागकर सड़क पर आए। सुबह के आठ बजे थे। पास ही में ऑटोरिक्शा स्टैंड था।

"बाबू मेरा ख़याल है, अंगूर को लगे रहने दो बेलों पर, इस शहर में कोई भी अंगूर मीठा नहीं हो सकता। आप और हम यहाँ से वापस चलें।"

"तू ठीक कहता है। एक काम कर। तू स्टेशन वापसी के टिकट का इन्तज़ाम कर, मैं होटल

जाकर तैयारी करता हूँ।"

"अच्छा।"

बहादुर एक तरफ़ चला गया। और अशोक एक ऑटोरिक्शा वाले के पास गया। जो रिक्शा में ही सो रहा था। अशोक ने उसे उठाया।

"सुनो...ऐ भाई...ख़ाली है।"

वह नींद से जागा था, बोला।

"हाँ साहब, मैं ज़रा मुँह धो के आता हूँ।"

रिक्शा वाला नल की तरफ़ बढ़ा। छोटा अशोक खड़ा ही था कि छेदीलाल के कारीगर मंसूर मियाँ उधर से गुज़रे, उनके हाथ में हार का डब्बा था। अशोक को देखकर उनके पास आ गए।

"अरे ये लीजिए, इसे कहते हैं, बिना तूत के मौला मिला।"

छोटे अशोक ने मंसूर को पहचाना भी नहीं, उन्हें कभी नहीं देखा था। वो इधर-उधर देखने लगा। जैसे किसी और को कह रहे हैं। मंसूर मियाँ बोले।

"आप ही के दौलतख़ाने पर जा रहा था।"

अशोक ने हैरत से पूछा।

"आप उर्दू में, मुझसे कुछ कह रहे हैं। ठोस उर्दू मुझे आती नहीं है।"

"वल्लाह! जवाब नहीं सवाल का। और किससे अर्ज़ करूँगा हज़रत। ये लीजिए तौक़े ज़ुलेख़ा लीजिए। मगर लगता है कि मानिंदे मजनूँ सारी रात लहराते फिरे हैं सड़कों पर।"

मंसूर मियाँ हँसने लगे और अशोक को ऊपर से नीचे तक देख रहे थे। लेकिन उनकी बातें

छोटे अशोक की समझ से बाहर थीं। इसलिए उसने हैरत से कहा।

''आप क्या कह रहे हैं? मेरी समझ में कुछ नहीं आ रहा है।''

''तोहफ़ा खोलकर तो देखिए हुज़ूर। सब समझ में आ जाएगा।''

छोटे अशोक ने ज्वेलरी बॉक्स खोलकर देखा। मंसूर बोले।

''है ना, आपकी महबूबा के लायक़?''

''जी लेकिन, मुझे नहीं चाहिए ये...न कोई मेरी महबूबा है...और न ही कोई और...''

''वल्लाह! ऐसी ख़फ़गी क्या? बीवी तो है।''

''बीवी भी नहीं है, मुझे नहीं ख़रीदना, रख लीजिए।''

''बेचता कौन है हुज़ूर?...''

''बेचते नहीं तो क्या बाँटते फिर रहे हैं?''

मंसूर हँसकर बोले।

''आपने शायद मुझे पहचाना नहीं। मैं छेदीलाल का अदना सा मुलाज़िम हूँ। कल जब आप तशरीफ़ लाए थे। तो ये ग़ुलाम वहीं था।''

''छेदीलाल...! कौन छेदीलाल? ग़ुलाम भाई मैं किसी छेदीलाल को नहीं जानता।''

''लेकिन आप इस हार को तो जानते हैं। कल आप इसे दे गए थे बनवाने के लिए।''

''अब देखो, ख़्वाहमख़्वाह हमें फँसाने की कोशिश मत करो। ये हार लो और चलते नज़र आओ। अरे लो ना।''

अशोक ने ज़बर्दस्ती मंसूर मियाँ के हाथ में बॉक्स थमा दिया। ख़ुद जाकर ऑटोरिक्शा में बैठ गया। मंसूर मियाँ भी पीछे-पीछे चले

आए बोलते हुए।

"क़सम अल्लाह की...बड़ी मेहनत की है हुज़ूर। ऐसे दिल न तोड़िए। मुझे मालूम है, रात आप पर क्या गुज़री होगी। क्या कुछ नहीं सहना पड़ा होगा।"

"रात वाली बात तुम्हें कैसे मालूम?"

"जवानी के तज़ुर्बे से हुज़ूर। कभी पल को सोए, कभी पल को जागे।"

अशोक ने कुछ सोचते हुए पूछा।

"तुम थे वहाँ?"

"तौबा कीजिए हुज़ूर...मैं भला कबाब में हड्डी क्यूँ बनूँगा।"

"तो अब क्यूँ बन रहे हो?"

"बिलकुल नहीं हूँ हुज़ूर...ख़ुदा हाफ़िज़।"

"ख़ुदा हाफ़िज़।"

छोटे अशोक ने देखा कि ज्वेलरी बॉक्स उसके ज़ानों पर रखा है। उसने कहा।

"अरे...हाँ सुनो। ये डब्बा तो लेते जाओ।"

ऑटोरिक्शे से बाहर निकलकर अशोक मंसूर मियाँ को वो डब्बा देने लपका।

"देखिए जनाबेआली, जो मालिक का हुक्म था बजा लाया। बाक़ी आप जानें, वो जानें। ख़ुदा हाफ़िज़।"

"अरे सुनो तो सही...अरे ग़ुलाम मियाँ। मेरी बात सुनो।"

मंसूर मियाँ भाग गए। ज्वेलरी का डब्बा अशोक के हाथ में था। उसे देखा अशोक ने और अपने आप से बोला।

"कहाँ ख़्वाहमख़्वाह फँस गया।"

एक पीछे से आता हुआ ऑटोरिक्शा रोका।

"रोको...ख़ाली है। एम्प्रेल होटल चलो।"

छोटा अशोक ऑटो में बैठ गया। रिक्शा चल दिया। एहतियातन उससे कह दिया।

"मैं वहाँ रहता नहीं।"

तभी पहले रिक्शे वाला जो मुँह धोने गया था, वो लौटा। उसने सवारी को जाते देखकर कहा।

"अरे साहब—मुँह मुझसे धुलवाया और रिक्शा उसका ले गए।"

41

रेलवे स्टेशन के बुकिंग विंडो पर छोटा बहादुर टिकट लेने जा रहा था। तभी टी.सी. ने बहादुर को देखकर उसे बुलाया।

"अरे बहादुर...यहाँ कैसे सुबह-सुबह?"

"टिकट लेने आया था।"

"ये तो दस बजे खुलता है। कहाँ जाना है?"

"वो..."

कहते-कहते बहादुर ने एहतियातन बात छुपा ली।

"जहाँ साहब का मूड बने।"

"तुम्हारे साहब का मूड तो कमाल है, कल ख़्वाहमख़्वाह डाँट के निकल गए।"

"वो...कभी-कभी ऐसा हो जाता है साहब।"

"याद आया...तुमको जो आमों का टोकरा भेजा था। मिल गया था।"

"टोकरा?...वो याद आया, याद आया।"

"ठीक...ठीक।"

टी.सी. चला गया।

42

सुबह अलका नाश्ता लेकर सीढ़ियों से नीचे उतर रही थी। और बड़े अशोक से बात भी करती जा रही थी। बड़ा अशोक रात को वहीं सोया था।

''अशोक...दस बजने वाले हैं। जल्दी से नाश्ता कर लो। और सुनो, दफ़्तर जाते वक़्त घर से कपड़े बदलकर जाना।''

अशोक शीशे के सामने खड़ा कंघी कर रहा था और कहा।

''नहीं, मैंने बहादुर को भेज दिया है कपड़े प्रेस करवाने के लिए। यहाँ से सीधे दफ़्तर ही जाऊँगा।''

''ज़िद नहीं करते। तुम घर नहीं गए तो सुधा परेशान हो जाएगी।''

अशोक गुस्से में बोला।

''मरने दो उसे। कल रात को उसने, मुझे कम परेशान किया?''

''फिर वही ज़िद।''

बहादुर बाहर से कुर्ता प्रेस करवा के लाया था।

''लाओ...अब तू एक काम कर, सीधे घर जा और धुले कपड़े लेकर दफ़्तर पहुँच जा।''

''कपड़े क्यूँ?''

अशोक चिढ़ गया।

''कपड़े देकर बर्तन लूँगा।''

''बर्तन क्यूँ?''

''उल्लू का पट्ठा...अब तू जा ना।''

बहादुर पलटा।

"और सुन, साथ में एक रस्सी भी लेते जा, और सुधा के हाथ में दे देना, उससे कहना, हार नहीं मिला, रस्सी को गले में डाल के, किसी पेड़ पे झूल जाए।"

उसी वक़्त अलका आ गई।

"क्या बात-बात पे ख़ुदकुशी करने को कहते हो।"

"This time I am serious. I men it."

फिर पलट के बहादुर से कहा।

"अब तू जा। तुझसे जो कहा है वैसा कर।"

"लेकिन...मैं दीदी को ऐसे कैसे कह सकता हूँ?"

"तू ऐसे नहीं कहेगा तो रस्सी तेरे गले में डालकर तुझे झुला दूँगा मैं...जा...क्या कहेगा?"

"कुदख़ुशी कर लीजिए।"

"कुदख़ुशी नहीं ख़ुदकुशी।"

"हाँ...ख़ुशीख़दी, ख़ुदकुशी कर लीजिए।"

बहादुर वहाँ से गया। अशोक डाइनिंग टेबल पर आ बैठा। अलका वहाँ उसके पास आई और पूछा।

"हार भेज देते तो क्या होता?"

"हार तो उसकी लाश को ही पहनाऊँगा, जैसे फ़िल्म मीरा में वो क्या नाम है उसका?"

"जयमल..."

"जयमल ने कृष्णा की लाश को पहनाया था।"

"इतने बड़े हो गए हो। अभी तक बचपन नहीं गया। लो फ़्रूरोट खाओ।"

"छेदीलाल भी तो नहीं आया, कह रहा था सुबह-सुबह हार पहुँचा दूँगा।"

43

सुनार की दुकान पे गनेशीलाल अन्दर आए और छेदीलाल को नमस्ते किया। वो अपना पैसा लेने आए थे।

''रामजी की जय। आइए...आइए।''

छेदीलाल ने घड़ी देखी।

''भई ग्यारह बजने वाले हैं, ज़रा जल्दी ही चला आया। सोचा कहीं ऐसा ना हो कि कहने लगो, ग्यारह बजे का वादा था। ग्यारह तो बज चुके, अब अगले दिन ग्यारह बजे आना।''

ये सुनकर छेदीलाल हँस पड़े। गनेशीलाल पास की कुर्सी पर बैठ गए।

''वक़्त के बड़े पक्के लगते हो तुम गनेशीलालजी।''

''बात के बड़े पक्के हैं छेदीलालजी। जिस दिन कहते हैं, उसी दिन लेने आते हैं। कभी देर-सबेर होते देखी है?''

''नहीं...अरे भाई मंसूर मियाँ। वो अशोक बाबू को हार दे दिया था। कुछ रुपए का ज़िक्र किया...''

''न हुज़ूर। उन्होंने तो हार लेने से भी इनकार कर दिया, कहने लगे हमने ऑर्डर ही नहीं किया है।''

''तो...?''

''तो क्या, आपका हुक्म था, सो थमा के चला आया। लगता था बीवी ने रात घर में नहीं घुसने दिया।''

ये सुनकर सभी हँस पड़े। गनेशीलाल ने पूछा।

''उम्र का क्या बहुत फ़र्क़ है दोनों में?''

फिर सभी हँस पड़े। तभी बाहर से बड़ा अशोक सुनार की दुकान में दाख़िल हुआ

और सभी को हँसता देखकर बोला।

''क्या बात है छेदीलाल जी? किस बात पर इतनी हँसी आ रही है?''

''यूँ ही मंसूर मियाँ की बात पर।''

मंसूर मियाँ ने अशोक को आदाब किया और छेदीलाल ने गनेशीलाल से तआरुफ़ कराया।

''और अशोक बाबू ये हैं गनेशीलालजी। हीरों की कटाई-सफ़ाई इनसे कराई थी। इनका दो हज़ार का बिल हुआ है।''

''आपका बिल कितना है?''

''दस हज़ार दो सौ पैंतीस।''

बिल बड़े अशोक के हाथ में दिया। अशोक देखने लगा।

''आजकल आप कुछ ज़्यादा ही चार्ज करने लगे हैं।''

''क्या करूँ?...हर चीज़ महँगी होती जा रही है।''

मंसूर मियाँ ने छेदीलाल की परेशानी कम कर दी।

''और सोने का भाव भी बीवियों के मिज़ाज की तरह चढ़ता जा रहा है।''

ये सुनते ही फिर सब हँस पड़े।

''अच्छा ये बिल आप ऑफ़िस में आकर ले जाइएगा। मैं वहीं जा रहा हूँ।''

छेदीलाल अभी तक हँसे जा रहे थे। अशोक ने अचानक कहा।

''हार तो दीजिए।''

''हा...''

''हाँ-हाँ, हार तो दीजिए।''

ये सुनकर छेदीलाल के चेहरे से हँसी ग़ायब हो गई। उन्होंने मंसूर मियाँ की तरफ़ देखा।

अशोक ने पूछा।

"क्या हुआ?...मैं हार लेकर भाग थोड़े ही जाने वाला हूँ।"

सभी लोग हैरतज़दा रह गए। मंसूर मियाँ ध्यान से अशोक की तरफ़ देख रहे थे कि ये क्या कह रहे हैं।

"हुज़ूर...हार तो सुबह-सुबह मैं आपके हवाले करके आया था।"

"मेरे हवाले?...मुझसे कब मिले आप?"

"आप क्या फ़र्मा रहे हैं? सुबह-सुबह ऑटो चौक पर मुलाक़ात हुई और आप ऑटोरिक्शा में बैठे हुए थे।"

अशोक के चेहरे पर कोई तास्सुर नहीं था।

"मंसूर मियाँ आप किसकी बात कर रहे हैं? मैं तो अभी-अभी घर से निकलकर सीधे यहाँ आ रहा हूँ।"

इन सबके बीच में गनेशीलाल ने अपनी हाँकी।

"लेकिन मैं कह रहा हूँ? ग्यारह बजने में सिर्फ़ पाँच मिनट बाक़ी हैं और..."

छेदीलाल ने कहा।

"एक मिनट...मंसूर मियाँ, आपको अच्छी तरह से याद है कि हार इन्हीं के हाथ में दिया?"

"कमाल करते हैं सेठजी। मैं भला अशोक साहब को नहीं पहचानता? उलटा ये मुझे नहीं पहचान रहे थे, कि मुझे इन्हें बताना पड़ा, कि मैं सेठ छेदीलालजी का नौकर हूँ...और..."

अशोक ने बीच में टोक दिया।

"कमाल है! मैं आपको पहचानता नहीं? पिछले पन्द्रह साल में, पाँच सौ बार मेरे घर आए हैं।

दफ़्तर आए हैं। पचासों ज़ेवर बनवाए हैं और आप कहते हैं आपको पहचानता नहीं।''

''मैं भी तो वही कह रहा हूँ।''

''अरे...आप फिर वही कह रहे हैं? लेकिन मैं आपको कैसे नहीं पहचानूँगा?''

गनेशीलाल फिर शामिल हुए।

''मैं तो कहता हूँ कि, हैलो-हैलो...''

छेदीलाल को गनेशीलाल ने टोका। जो मंसूर मियाँ और अशोक की बातें ध्यान से सुन रहा था।

''मैं जो कहता हूँ कि हम व्यापार में किसी को पहचानते नहीं, उसका मतलब ये नहीं होता, उसका मतलब होता...''

छेदीलाल ने डाँट दिया।

''ओहो, तुम चुप करो जी। बात करने दो। सोने का पता नहीं। पत्थरों की पड़ी है।''

''इसमें मेरा क्या क़सूर, आपने कहा था ठीक ग्यारह बजे, मेरे पैसे दे दोगे। देखो ग्यारह बजने में दो मिनट बाक़ी हैं।''

''गनेशीलाल, हार नहीं मिला तो सबके बारह बज जाएँगे। फिर तुम लटके रहना ग्यारह बजे की सुई पकड़ के।''

''लेकिन मैं तो, अपने पैसे लिये बग़ैर हरगिज़ हिलूँगा नहीं, चाहे मुझे पुलिस क्यूँ न बुलवाना पड़े।''

छेदीलाल ने हाथ झुलाया।

''बुलवा लो पुलिस को। पुलिस आएगी तो मेरा हार भी निकलवाएगी।''

''मैं ठीक ग्यारह बजते ही...''

''ग्यारह बजते क्या कर लोगे?''

''अभी बताता हूँ।''

गनेशीलाल उठकर दुकान से बाहर निकल गया, दूसरी तरफ़ मंसूर मियाँ अशोक को एक काग़ज़ पर नक़्शा बनाकर समझा रहे थे। कहाँ उनकी मुलाक़ात हुई थी।

''ये जो चौक आता है, उसके दाहिने हाथ की तरफ़ चर्च है और बाएँ हाथ की तरफ़ घंटाघर...''

''अजी गोली मारिए घंटाघर को। आप समझा किसे रहे हैं! सारे शहर को अच्छी तरह जानता हूँ।''

अशोक ने वो काग़ज़ उठाकर फेंक दिया। जिस पर मंसूर मियाँ पेंसिल से समझा रहे थे। मंसूर मियाँ निचले काग़ज़ पर समझाने लगे।

''घंटाघर के सामने एक ऑटोरिक्शा स्टैंड है। ये ऑटोरिक्शा का स्टैंड। दिन हो रात हो, चौबीस घंटे सवारी मिलती है। ये स्टैंड म्यूनिसिपैलिटी की इजाज़त से...''

अशोक को ग़ुस्सा आ गया। और फिर काग़ज़ खींचकर फाड़ दिया।

''गोली मारिए, स्टैंड को। आप हार की बात कीजिए ना।''

फिर अगले काग़ज़ पर मंसूर मियाँ ने नक़्शा बनाया।

''और हाँ...ये ऑटोरिक्शा पर एक ऑटोरिक्शा था। जिसका मुँह घंटाघर की तरफ़ था। और आप उस ऑटोरिक्शे में बैठे हुए थे। और मैंने हार आप के ज़ानों पर रखा।''

''कहाँ रखा था?''

''ज़ानों पर...मेरा मतलब है घुटनों पर रखा था।''

अशोक ने छेदीलाल की तरफ़ देखकर कहा।

"सुनो। जो आदमी घुटनों को ज़ानों कह सकता है। वो अशोक कुमार को किशोर कुमार भी कह सकता है।"

"अशोक साहब, उर्दू में घुटनों को ज़ानों कहते हैं।"

"अच्छा...तो उर्दू में अशोक को क्या कहते हैं?"

"अशोक को?..."

"हाँ, अशोक को।"

मंसूर मियाँ एक पल को बौखला गए।

"बताओ-बताओ, जवाब दो।"

"लेकिन हार से अशोक का क्या तअल्लुक़?"

"ये देखिए। अब हार से हमारा कोई तअल्लुक़ ही नहीं है।"

छेदीलाल ने बीच में टोका।

"मंसूर मियाँ, तुम्हें क्या हो गया है? अगर हार का तअल्लुक़ अशोक बाबू से नहीं, तो किससे होगा?"

"लाहौल वलाकुव्वत! मियाँ मैं किया बक रहा हूँ।"

अशोक ने ताईद की।

"वही तो मैं कह रहा हूँ।"

"हाँ...वही तो।"

"...लेकिन मेरे हार का होगा क्या?"

"मेरे पैसे, बिल मेरा...गनेशीलाल को जो...कहाँ गया गनेशीलाल?"

उसी वक़्त गनेशीलाल पुलिस ऑफ़िसर के साथ दुकान में दाख़िल हुआ।

"आइए...जी मैं कह रहा था कि ग्यारह कब के बज चुके।"

पुलिस ऑफ़िसर ने अशोक को देखा, अशोक

ने पहचानकर हाथ मिलाया।

"हैलो सिन्हा साहब।"

"हैलो...आज तो तुम ठीक लग रहे हो।"

"सब आपकी मेहरबानी है।"

"मेहरबानी तो आपके घर वालों की कहो।"

"मतलब?..."

"जो कल रात तुम्हारी हालत थी, तुम्हें याद है या भूल गए।"

छेदीलाल उनकी बातें बहुत ग़ौर से सुन रहे थे।

"अच्छा...ये ख़बर आप तक पहुँच ही गई।"

"ख़बर क्या पहुँचेगी साहब, खुद अपनी आँखों से देखा है।"

"कल आपकी ड्यूटी उसी तरफ़ थी। ख़ैर आई एम सॉरी सिन्हा साहब। कभी-कभार ऐसी बातें हो ही जाया करती हैं।"

"छोड़ो उन बातों को। ये नया झमेला क्या है?"

"झमेला कुछ नहीं है। मैंने एक हार दिया था इन्हें बनाने के लिए।"

बीच में मंसूर मियाँ बोल पड़े।

"और वो हार मैं इन्हें सुबह देकर आया हूँ।"

अशोक झल्ला गया।

"आप झूठ बोल रहे हैं।"

मंसूर को बुरा लगा।

"देखिए, आप इस तरह की ज़बान मत बोलिए अपनी ज़बान से।"

"ज़बान नहीं तो कान से बोलूँगा क्या?"

"आप चाहे जहाँ से बोलें। लेकिन सुबह भी जब आप मिले थे, तो आपके तेवर बदले हुए थे। पहले आपने मुझे पहचानने से इनकार किया।

फिर आपने बीवी के होने से इनकार किया। फिर आपने ये भी फ़र्माया कि आप शादीशुदा नहीं हैं।''

अशोक चिढ़ा हुआ था।

''अगर शादीशुदा नहीं तो मैंने वो हार सिन्हा साहब के गले में डालने के लिए बनवाया था क्या?''

सिन्हा को लगा कि कुछ गड़बड़ हो रही है। बड़े अन्दाज़ में पूछा।

''देखो अशोक, हार डालने से कोई फ़ायदा नहीं। ये बताओ, तुम इनसे सुबह मिले थे?''

''नहीं।''

''इन्होंने तुम्हें हार दिया था?''

''बिलकुल नहीं।''

''क्या तुमने इनसे कहा था कि तुम शादीशुदा नहीं हो।''

''ये मैं कैसे कह सकता हूँ सिन्हा साहब?''

''ये तो तुमने कल रात भी कहा था। जब मैं तुम्हें घर छोड़ने गया था।''

अशोक और भी हैरान हुआ।

''मैं आपको कब मिला था? आप मुझे घर छोड़ने कब आए थे?''

''ये लो...अशोक तुम ज़्यादा परेशान हो। एक मिनट मेरे साथ चलो।''

''कहाँ?...''

''थाने।''

''थाने...थाने मैं क्यूँ चलूँ...ये...''

''मैं तुम्हें गिरफ़्तार नहीं कर रहा हूँ। वहीं चलकर चाय पिएँगे। मेरी हाज़िरी भी लगी रहेगी और बातचीत भी करेंगे। क्यूँ छेदीलालजी?''

छेदीलाल ने सिर हिलाया और सभी थाने जाने के लिए तैयार हो गए। गनेशीलाल बोला।

"मैं कह रहा था कि ग्यारह तो कब के बज चुके हैं।"

"तुम भी चलो...चलो...आइए।"

सभी लोग दुकान से बाहर निकले।

44

बाज़ार में बड़ा बहादुर टहल रहा था। एक रस्सी बेचने वाले की दुकान पर पहुँचा। कुछ लटकी हुई रस्सियाँ देखीं और एक रस्सी के दाम पूछे।

"ये रस्सी कितने की है?"

"क्या करनी है?"

"ख़ुदकुशी करना है।"

"ठहरो...दूसरी देता हूँ। मज़बूत भी है, सस्ती भी है। ज़्यादातर लोग यही बापरते हैं।"

दुकानदार ने एक दूसरी रस्सी सामने की। बहादुर ने पूछा।

"क्या दाम हैं?"

"दो रुपए।"

बहादुर ने भाव करने की कोशिश की।

"डेढ़ रुपए में दोगे?"

दुकानदार ने रस्सी वापस खींच ली।

"दूसरी दुकान देखो।"

बहादुर दूसरी दुकान की तरफ़ बढ़ गया। दुकानदार बड़बड़ाने लगा।

"साला मरते-मरते भी अठन्नी बचाना चाहता है।"

ज़रा से वक़्फ़े के बाद ही, छोटा बहादुर उस दुकान के सामने से गुज़रा। दुकानदार ने आवाज़ दी।

"सुनो...इधर आओ। एक बात बताओ, आदमी मरते-मरते आठ आने बचाके क्या करेगा?"

"क्या मतलब?"

"ये रस्सी दो रुपए की है। तुझे ख़ुदकुशी करनी है। ये डेढ़ की हो या दो की हो। तुझे क्या फ़र्क़ पड़ने वाला है?"

"कुछ नहीं।"

"आठ आने बचा के कुछ मिलेगा।"

"जब ज़िन्दगी चली गई तो आठ आने बचाके क्या फ़ायदा?"

दुकानदार ने ध्यान से छोटे बहादुर को देखा और कहा।

"चल यार डेढ़ रुपए ही दे दे।"

"किस बात के?"

"रस्सी के।"

"इस रस्सी का मैं क्या करूँ?"

"ख़ुदकुशी नहीं करनी है?"

"पागल है, ख़्वाहमख़्वाह फँसाना चाहता है।"

और आगे बढ़ गया—बुड़बुड़ाते हुए।

"अजीब सिरफिरों का शहर है।"

45

छोटे बहादुर ने जाते-जाते एक ख़ाली टैक्सी को रोका। ये वही टैक्सी वाला था जो उन्हें हर मोड़ पर मिल जाया करता था।

"टैक्सी ख़ाली है?"

टैक्सी वाले ने बहादुर की तरफ़ देखकर कहा।

''हाँ ख़ाली है। कहाँ जाना है?...एम्प्रेल होटल?''

ये सुनकर छोटा बहादुर घबरा गया।

''नहीं...मैं ऐसे ही पूछ रहा था।''

और चल दिया। टैक्सी वाले ने आवाज़ दी।

''अरे सुनो, अब थाने जा रहे हो?''

''थाने?...थाने क्यूँ?''

''तुम्हारे साहब तो वहीं गए हैं।''

''थाने में?...थाने में क्यूँ?''

''ये मुझे पता नहीं। वो इन्स्पेक्टर साहब साथ में थे, जो थिएटर से ले गए थे।''

छोटा बहादुर फिर घबरा गया।

''कुछ गड़बड़ हो रहा है। चलो तुम थाने ही ले चलो।''

''चलो बैठो।''

46

पुलिस स्टेशन में किसी बात पर इन्स्पेक्टर ने गनेशीलाल को डाँटा।

''चुपचाप बैठे रहो बेंच पर। ख़्वाहमख़्वाह ग्यारह बजे की रट लगा रखी है। फिर आवाज़ की तो उठाकर हवालात में बन्द करूँगा।''

फिर मुड़कर अशोक से कहा।

''अशोक एक काम करते हैं, हार तो मिल जाएगा। जाएगा कहाँ? वही करते हैं जो तुमने कहा है। पाँच हज़ार रुपया तुम यहाँ जमा कर दो। फिर भी घर से पता कर लो कि हार मिला या नहीं।''

अशोक खड़ा हुआ, बाहर जाने के लिए तभी दरवाज़े में बहादुर नज़र आया। ये छोटा बहादुर था।

“बाबू...आप यहाँ कैसे?”

“अच्छा हुआ तू यहाँ आ गया। घर गया था?”

“नहीं...मैं टिकट लेकर आ रहा था कि रास्ते में...”

“तुम्हें मैंने रस्सी लाने के लिए भेजा था।”

“रस्सी...रस्सी कैसी?”

“तू भी...समझ में नहीं आता क्या करता रहता है।”

फिर सिन्हा से कहा।

“एक मिनट ज़रा पेन...”

अशोक ने कागज़ पर कुछ लिखा और बहादुर को दिया।

“ये ले...चिट्ठी तनु को दे देना। और उससे...”

“एँ?...”

“पूरी बात तो सुन...तनु से कहना अन्दर की दराज़ में पाँच हज़ार रुपए रखे हैं। वो निकालकर तुझे दे दे।”

छोटे बहादुर का तो मुँह खुला का खुला रह गया।

“क्या सारा पैसा वहीं छोड़ दिया बाबू?”

“हाँ...वहीं है।”

“लेकिन...मैं फिर से वहीं गया तो क्या वो छोड़ देंगे मुझे?”

“कुछ नहीं कहेंगे। मैंने इस चिट्ठी में सब कुछ लिख दिया है।”

“अच्छा?...”

छोटे बहादुर की कुछ समझ में नहीं आ रहा

था। अशोक ने फिर टोका।

"और हाँ...ये चिट्ठी दे देना और पूछना कोई सोने का हार मिला था।"

छोटे बहादुर की हैरत कम न हुई।

"भूल तो नहीं कर रहे हैं बाबू कि...रात ही रात में..."

"रात वाली बात याद दिलाने की ज़रूरत नहीं। मुझे सब कुछ याद है। तू जा ये चिट्ठी देना और पूछना कोई सोने का हार..."

"लेकिन सोने का हार दिया ही कब?"

"वही तो मैं कह रहा हूँ...मैंने लिया ही कब है। लेकिन इन लोगों ने मुझे झमेले में डाल दिया।"

"मेरी तो रात से ही आँख फड़क रही थी।"

अशोक ने आवाज़ दबाकर कहा।

"रात वाली बात दोहराने की ज़रूरत नहीं है। कहा ना...तुझे।"

"मुझे पता था कुछ न कुछ होके रहेगा।"

"मैं सब ठीक कर दूँगा। तू जा। जल्दी से ये काम करके आ जा।"

छोटा बहादुर वहाँ से चल दिया। बड़े अशोक के घर, जहाँ रात वो फँस गया था।

47

छोटा बहादुर थाने से बाहर आया। वही टैक्सी वाला खड़ा था। उसने पूछा।

"मिल गए साहब?"

"साहब तो अन्दर हैं।"

"अन्दर कर दिया उन्हें?"

"अन्दर कर दिया वाले...अन्दर नहीं हैं। बाहर हैं

लेकिन अन्दर हैं।"
"अब चलना कहाँ है?"
"देखो कल जहाँ घर गए थे। वहीं चलना है। पता है ना?"
"रात तो..."
"वहीं चलना है।"
"बैठो...बैठो..."

टैक्सी फिर चल पड़ी।

48

घर में सुधा के सिर में दर्द हो रहा था, वो कुर्सी पर बैठी थी। पास तनु खड़ी समझा रही थी।

"जीजाजी की ज़िद तो मैं जानती थी। लेकिन इस हद तक पहुँच जाएँगे, ये मैं सोच भी नहीं सकती थी।"

सुधा बोली।

"मुझे पूरा यक़ीन है। बहादुर ने कुछ मिलाया था पकौड़े में।"
"लेकिन बहादुर की इतनी हिम्मत.."
"उन्होंने कहा होगा। बहादुर बेचारा क्या करेगा? इसीलिए तो दोनों ग़ायब हैं।"
"मुझे तो रात को ही शक हो रहा था कि ये दोनों घर में नहीं रहना चाहते हैं। इसीलिए मैंने प्रेमा को कहा था दरवाज़े पे ताला लगा के चाबी छुपा के रखे।"
"प्रेमा तो कहती है। चाबी उसने ब्लाउज़ में रखी थी। वहाँ से तो एक बहादुर ही निकाल सकता है। और कौन हाथ डालेगा वहाँ?"

"प्रेमा को भी गए दो घंटे हो गए हैं। अभी तक तो कोई पता नहीं। पता नहीं अलका के यहाँ मिले भी कि नहीं।"

छोटा बहादुर धीरे-धीरे घर में घुस ही रहा था कि तनु ने उसे देखा और बोली।

"एक तो आ गया।"

सुधा ने बढ़कर पूछा।

"किधर है?...साहब किधर हैं?"

छोटे बहादुर ने जेब से चिट्ठी निकालकर दी।

"ये चिट्ठी देकर भेजा है। और पूछा है घर में कोई सोने का हार देकर गया है कि नहीं?"

तनु बहादुर के हाथ से चिट्ठी लेकर पढ़ने लगी।

"सुन लिया?...मैं तो पहले ही कहती थी। ये सारा तमाशा तुम्हारे हार का है और ये देखो पाँच हज़ार भी माँगे हैं।"

इतना कहकर तनु पैसे लेने अन्दर चली गई।

सुधा बहादुर के पास आई।

"बहादुर...एक बात पूछूँ। तू सच-सच बताएगा?"

"हूँ..."

"बताएगा ना...मैं तुझे कुछ नहीं कहूँगी। तूने रात को पकौड़े में क्या मिलाया था?"

"भाँग..."

"बदमाश...मुए...बेशर्म।"

"लेकिन आपने कहा था कि, आप कुछ नहीं कहेंगी।"

"मैंने क्या कहा?...साहब कहाँ हैं?...सच-सच बताना, अलका के घर में?"

"नहीं...थाने में।"

"थाने में...वहाँ क्या कर रहे हैं?"

"जी मुझे क्या पता। मुझे ये चिट्ठी दी और कहा। पैसे लेकर आओ।"

तनु अन्दर से पैसे लेकर आई और बहादुर को देकर कहा।

"ये लो बहादुर।"

बहादुर ने पैसे लिये और घबराहट से पूछा।

"पूछा था कि वो कोई हार देकर गया है कि नहीं?"

"नहीं...और सुनो ये चिट्ठी उनको दे देना।"

बहादुर पैसे और चिट्ठी लेकर चला गया।

सुधा ने कहा।

"भगवान जाने अब थाने में बैठे क्या कर रहे हैं?"

तनु ने पूछा।

"थाने में क्यूँ?"

"पता नहीं, बहादुर कह रहा था, थाने में बैठे हैं।"

"ज़रूर कुछ गड़बड़ है दीदी। वरना पैसे भी मँगवाए और हार भी पूछा। मैं एक काम करती हूँ। तुम जल्दी से तैयार हो जाओ। थाने चलते हैं।"

"क्यूँ?..."

"उठो...यूँ हाथ पे हाथ धरे रहने से कुछ नहीं होगा।"

तनु ने ज़बर्दस्ती सुधा को उठाया।

49

छोटा अशोक हाथ में हार का डब्बा लिये अपने होटल पहुँचा। सीधा रिसेप्शन पे खड़े

आदमी से पूछा।

"यहाँ नज़दीक कोई पुलिस स्टेशन है?"

"पुलिस स्टेशन कौन सा?"

"कौन सा मतलब?"

"दो हैं। एक छोटा—एक बड़ा, आपको कौन सा चाहिए।"

"मुझे ख़रीदना नहीं है। थाना चाहिए जहाँ कुछ सुनवाई हो सके।"

"तो ऐसा कीजिए, छोटे में चले जाइए। बड़े में तो सिर्फ़ रिपोर्ट दर्ज होती है।"

"लेकिन ये छोटा वाला है कहाँ?"

"डानमिक रोड, रिक्शा वाला ले जाएगा। लेकिन काम क्या है?"

"जब से यहाँ आया हूँ। कोई न कोई मुसीबत आती ही जाती है। अब देखिए ना...रास्ते में एक साहब ये..."

अपने हाथ का ज्वेलरी बॉक्स दिखाते हुए कहा।

"ये चीज़ मेरे हाथ में थमा गए। अब सुबह से बहादुर टिकट लाने गया है। अभी तक उसका कोई पता नहीं। ख़ैर क्या नाम बताया रोड का?"

"डानमिक रोड।"

"डानमिक।"

क्लर्क ने फिर समझाने की कोशिश की।

"पहले तो आप बाहर जाएँ। बाहर जाने के बाद दाएँ जाएँ, फिर मोड़ आएगा, वहाँ से आप बाएँ जाएँ। थोड़ी दूर चलेंगे, फिर एक मन्दिर आएगा। मन्दिर से आप दाएँ मुड़ जाइएगा। तो वहाँ एक घंटाघर आएगा। वहाँ से आप बाएँ मुड़ जाइएगा। एक बहुत बड़ा बरगद का पेड़ आएगा। उसके

बाद...''

दाएँ-बाएँ सुनते-सुनते अशोक तंग आ गया। बीच में बोल पड़ा।

''दाएँ...हूँ।''

''करेक्ट, ठीक समझे आप।''

होटल से निकलकर अशोक बाहर आया वहाँ एक ऑटोरिक्शा वाला अपना रिक्शा साफ़ कर रहा था। अशोक ने पूछा।

''ए सुनो भाई।''

''जी...''

''यहाँ डानमिक रोड कहाँ है? मालूम है?''

''जी हाँ...आप ऐसा कीजिए, यहाँ से सीधे जाएँगे ना...एक मोड़ आएगा, मोड़ से दाएँ मुड़ जाएँगे। थोड़ी दूर जाने के बाद आपको एक मन्दिर मिलेगा। वहाँ से बाएँ घूम जाएँगे फिर आपको एक घंटाघर मिलेगा। वहाँ से...''

अशोक ने हाथ के इशारे से चुप कराया और पूछा।

''जाओगे?''

''जाऊँगा।''

''चलो।''

''चलिए।''

छोटा अशोक रिक्शा में बैठा और रिक्शा चल दिया।

50

ऑटोरिक्शा एक-दो रास्ते पार करता हुआ पुलिस स्टेशन पहुँचा। तभी वहाँ एक टैक्सी भी आकर रुकी। टैक्सी से छोटा बहादुर

निकला और पुलिस स्टेशन में जाने लगा।

अशोक ने उसे देखकर आवाज़ दी।

''अरे ओ घन-चक्कर...इधर आ।''

बहादुर ने अशोक को देखा और छूटते ही पूछा।

''क्या हुआ थाने में?''

''मैं रिपोर्ट लिखवाने जा रहा था। मुझे तो तेरी फ़िक्र लगी हुई थी।''

''पर मुझे तो कुछ नहीं कहा उन लोगों ने। सिर्फ़ ये पैसे दिए। और चिट्ठी दी, छोटी वाली ने।''

चिट्ठी लेकर अशोक ने पूछा।

''छोटी कौन?''

''वही छोटी वाली, जिसके साथ रात भर पड़े रहे, दरवाज़ा बन्द करके। घर चलना, माँ को सब बता दूँगा।''

अशोक तनु की चिट्ठी पढ़ने लगा। लिखा था।

''ये भी कोई शरीफ़ों का ढंग है। हर बात की हद होती है। अगर फ़ौरन घर नहीं लौटे तो पुलिस से पकड़वा के ले आऊँगी।''

अशोक ने बहादुर से पूछा।

''तू फिर गया था, उस घर में?''

''तुमने ही तो भेजा था।''

''मैंने तो तुझे टिकट लाने के लिए भेजा था।''

''ओहो...जब मैं टिकट लेकर लौटा, तो आप ही कह रहे थे, कि रस्सी लेने भेजा था।''

दोनों में से कोई किसी की बात नहीं समझ रहा था।

''अबे, रस्सी गले में बाँधनी है मुझे?''

''मुझे क्या पता? आपको रस्सी कहाँ बाँधनी है।

पागल कर दिया आपने मेरे को।''

''और मेरे को तुमने पागल कर दिया है। कहता कुछ हूँ, करता कुछ है।''

''बाबू, भगवान के लिए यहाँ से चले चलो। टिकट मैं ले आया हूँ। दो बजे की गाड़ी है, भाग चलो। यहाँ पता नहीं कौन से भूत-प्रेत राज करते हैं। जब से आए हैं। किसी न किसी जंजाल में फँसते ही जा रहे हैं।''

ज़ेवर का बॉक्स देखकर।

''मगर इसका क्या करूँ?''

''ये क्या है?''

''हार है। सोने का।''

बहादुर ने अपना माथा पीटा।

''अब ले ली ना मुसीबत...और उस वक़्त तो कह रहे थे कि...मैं...''

''मैंने तो बहुत न कहा था, ज़बर्दस्ती दे दिया उसने।''

''तो फिर रख लो। जो हुआ सो हुआ। यहाँ से भाग चलो। ऐसा न हो कि पुलिस हमें पकड़ने घूम रही हो, और हम सीधे पुलिस के मुँह में घुसे चले जाएँ।''

''बहादुर, आज दो दिन में पहली बार अक़्ल की बात की है तूने। इस चिट्ठी में भी यही लिखा है। पुलिस से पकड़वा देंगे। चल तू बैठ स्कूटर में।''

बहादुर ने पूछा।

''और टैक्सी?...''

अशोक ने ठाठ से कहा।

''टैक्सी में मैं जाता हूँ। तू स्कूटर में आ।''

बहादुर ने ऑटो वाले से पूछा।

''कितना हुआ?''

अशोक जो टैक्सी की तरफ़ जा रहा था मुड़ के बोल पड़ा।

"अरे सुन ना...एक को छोड़ दे दोनों की क्या ज़रूरत है?"

"वही तो मैं कह रहा हूँ। आपने ख़्वाहमख़्वाह दिमाग़ परेशान कर रखा है।"

बहादुर ने रिक्शा वाले को पैसे दिए और टैक्सी में जा बैठा और कहा।

"होटल चलो।" टैक्सी चल दी।

51

पुलिस थाने में बड़ा अशोक, छेदीलाल, गनेशीलाल सभी चुप बैठे थे। इन्तज़ार कर रहे थे बहादुर का। दीवार पे घड़ी ने एक बजाया। जैसे सभी की आँखें खुल गईं। कुछ सोचकर अशोक ने कहा।

"सिन्हा साहब, अगर आप इजाज़त दें तो मैं ख़ुद ही जाकर पैसे लेकर आता हूँ। ये बहादुर तो पता नहीं कहाँ मर गया।"

गनेशीलाल भी खड़े हो गए। कुछ कहने के लिए। सिन्हा साहब ने गुस्से में कहा।

"बैठो...हिलोगे तो टाँगें तोड़ दूँगा।"

गनेशीलाल ख़ुद ही बड़बड़ कर रह गया।

"अब आदमी ज़िन्दा होगा तो क्या हिलेगा नहीं?"

सिन्हा ने कहा।

"अशोक तुम जाओ। लेकिन जल्दी आ जाना।"

"बस गया और आया।"

"By the way – how are you feeling now?"

"जी?..."

"मेरा मतलब है कि तुम्हारी तबीयत अब कैसी है?"

"ठीक ही तो है। क्यूँ?"

"मुझे भी ठीक ही लग रही है।"

"फिर?..."

"मेरा मतलब है...तुम...तुम जाओ पर जल्दी वापस आ जाना।"

बड़ा अशोक थाने से निकल गया।

52

तनु और सुधा तैयार होके घर से निकलीं। मेन गेट से बड़ा बहादुर रस्सी लेकर दाख़िल हुआ। तनु ने उसे देखकर कहा।

"अरे ये तो आ गया। जीजाजी कहाँ हैं?"

"साहब ने ये रस्सी भेजी है। और जो कहने को कहा है, मैं वो कह नहीं सकता।"

"क्या कहा साहब ने?"

"वो तो मैं, कभी नहीं कह सकता।"

सुधा बहादुर के पास आई और उससे पूछा।

"जीजाजी थाने में क्या कर रहे हैं?"

"किसके जीजाजी?"

सुधा को ग़लती का अहसास हुआ, जल्दी से बोल गई थी।

"नहीं...नहीं साहब थाने में क्या कर रहे हैं।"

"थाने में क्यूँ गए साहब?"

"तू जो कह रहा था।"

"मैंने कब कहा?...मैं तो उनको अलका दीदी के यहाँ छोड़ के आया था।"

"तू तो कह रहा था, वो अलका के यहाँ गए ही नहीं।"

"मैंने कब कहा?"

"देखा...मैं न कहती थी...वो हार भी उसी के लिए बनवाया है। और वो पैसे भी उसी के लिए माँगे होंगे।"

53

होटल में छोटे अशोक ने रूम छोड़ दिया। टैक्सी पर वेटर सामान रख रहा था। अशोक ने उसे टिप दी और पूछा।

"रख दिया सामान?"

"जी हाँ साहब।"

बाहर आए तो टैक्सी में वही ड्राइवर निकला जो उन्हें शुरू में स्टेशन से लेकर आया था।

"सलाम साहब, बैठिए।"

तभी एक ऑटो में अलका जा रही थी। उसने छोटे अशोक को देखकर ऑटो रुकवाया। और बड़ा अशोक समझकर आवाज़ दी।

"रोको...रोको...अशोक...अशोक।"

छोटे अशोक ने हैरत से उसे देखा।

"अरे...अब तुम कौन हो भाई?"

"अरे, ये सामान लेकर कहाँ जा रहे हो?"

"अपने घर जा रहा हूँ। तिनकापुर, कोई एतराज़ है आपको?"

"अरे, कैसे बातें कर रहे हो?"

"खुल्लमखुला। क्या कर लेगी?"

"अरे, तुम होश में तो हो! और ये हार लेकर अभी तक घूम रहे हो। जाके सुधा को देकर

आओ।"

अशोक ने अपने आप से कहा।

'इसको मालूम है इसमें हार है। ये भी मालूम है कि हार किसका है?'

फिर बुलन्द आवाज़ से।

"अच्छा...गैंग। तुम भी उस गैंग में हो।"

"अशोक..."

54

बड़ा अशोक टैक्सी से अपने घर आया। और यहाँ सुधा बहादुर से पूछ रही थी।

"अभी तू पाँच हज़ार रुपए तनु से लेकर गया था उसका क्या किया?"

"कल साहब लाख रुपया, लाख रुपया कर रहे थे और आज आप...पाँच हज़ार, पाँच हज़ार कर रही हैं।"

तभी पीछे से बड़े अशोक ने ग़ुस्से में उसे धक्का दिया।

"मैंने तुझे चिट्ठी देकर पैसे लाने के लिए भेजा था। क्या हुआ?"

"कौन सी चिट्ठी?"

55

पुलिस स्टेशन से पुलिस ऑफ़िसर और छेदीलाल, गनेशीलाल भी निकले।

"घर ही चलकर देखते हैं।"

पुलिस ऑफ़िसर सिन्हा अपनी जीप में बैठकर चल दिए।

56

सड़क पर एक टैक्सी चली जा रही थी। जिसमें छोटा अशोक और छोटा बहादुर बैठे थे। जो दो बजे की गाड़ी पकड़ने स्टेशन की तरफ़ जा रहे थे।

दूसरी तरफ़ से पुलिस की जीप आ रही थी, जिसमें पुलिस ऑफ़िसर सिन्हा और छेदीलाल, गनेशीलाल बैठे थे। गनेशीलाल ने अशोक और बहादुर को टैक्सी में जाते हुए देख लिया।

''वो देखिए इन्स्पेक्टर साहब, वो दोनों जा रहे हैं। बोरिया-बिस्तर लेकर।''

ये देखकर पुलिस की जीप ने टैक्सी का पीछा किया।

57

बड़े अशोक के घर में अशोक ने बड़े बहादुर के चेहरे पर पानी फेंका और कहा।

''कल से ऊटपटाँग बातें कर रहा है। पैसे का क्या किया, जो ले गया था यहाँ से?''

''साहब...मेरा ख़याल है कि कल आप पागल हो गए थे...और आज मैं।''

58

रेलवे स्टेशन पर टैक्सी आकर रुकी। पीछे-पीछे पुलिस की जीप थी। सभी लोगों ने उतरकर अशोक को घेरे में ले लिया। इन्स्पेक्टर ने कहा।

"ठहरिए..."

छोटा अशोक बोला।

"देखिए इन्स्पेक्टर साहब गाड़ी आने में सिर्फ़ दो मिनट बाक़ी हैं। अब मैं ठहर नहीं सकता।"

"शहर छोड़कर भाग रहे हो क्या?"

"अरे अपने घर जा रहे हैं। W.T. नहीं जा रहे हैं। ये देखिए...दो टिकट भी हैं।"

"और उस हार का क्या होगा?...उन पैसों का क्या होगा?"

"वो हार कोई औरत ले गई। और कहा किसी औरत सुधा का है।"

सिन्हा चिल्लाकर बोला।

"सुधा आपकी बीवी का नाम है।"

छोटे अशोक ने बड़े आराम से कहा।

"वो भी यही कह रही थी।"

59

अलका जब बड़े अशोक के घर पहुँची, हार लेकर तो अशोक बहादुर को डाँट रहा था।

"अबे, होश आया।"

अलका ने रोका।

"अब तुम बहादुर के पीछे क्यूँ पड़े हो? अशोक तुम, सचमुच पागल हो गए हो।"

अलका की आवाज़ सुनकर बहादुर बोला।

"इनकी हालत भी मेरी जैसी हो रही है।"

प्रेमा से उसकी हालत देखी नहीं जा रही थी।

"देखिए न अलका दीदी, क्या हाल बना रखा है। मुझे लगता इसकी यादयाश्त खो गई है।"

उस घर के सभी लोग वहाँ जमा थे। सुधा,

तनु, बड़ा अशोक, बड़ा बहादुर, प्रेमा और अलका। किसी के कुछ समझ में नहीं आ रहा था कि यहाँ क्या हो रहा है सबके साथ। अलका सुधा की तरफ़ देखकर उसके पास आई और बोली।

"मेरी समझ में तो कुछ नहीं आ रहा है। अभी-अभी एम्प्रेल होटल के बाहर अशोक मिला था। बड़ी बदतमीज़ी से बात कर रहा था।"

अशोक तिलमिलाया।

"मैं कब मिला था तुम्हें?...आज सुबह मैं जब से तुम्हारे घर से नहा के निकला हूँ तो अब तक थाने में था।"

"तो फिर ये हार किसने दिया मुझे?"

"अब मुझे क्या मालूम?...लेकिन ये हार तुम्हारे पास कैसे आ गया?"

सुधा को फिर शक हुआ अपने पति पर।

"अब मेरे सामने इनकार क्यूँ करते हो? बनवाया इसके लिए था तो दे दो।"

अलका ने ग़लतफ़हमी दूर करनी चाही।

"नहीं सुधा, ये हार तुम्हारे लिए बनवाया था अशोक ने।"

"तुम्हें दिया है तुम्हीं रखो। मैं कौन होती हूँ, हार लेने वाली?"

"नहीं सुधा, ऐसे नहीं बोलते।"

अलका ने सुधा के सामने हार रख दिया।

"देखो दोनों रात भर परेशान रहे।"

ये सुनते ही तनु भड़क गई।

"परेशान ये लोग रहे कि हम लोग। ज़बर्दस्ती पकड़कर लाए, और हम लोगों को भाँग पिलाकर भाग गए।"

बड़ा अशोक चौंका।

"किसने तुम्हें भाँग पिलाई?"

सुधा ने जवाब दिया।

"तुमने।"

"मैं..."

"सच बताना बहादुर रात को पकौड़े में भाँग मिलाई कि नहीं? सच-सच बोलना।"

"पकौड़े में भाँग!...रात को हम तो, घर में आए ही नहीं।"

"फिर झूठ बोलता है।"

अलका ने टोका।

"नहीं सुधा, ये दोनों रात को मेरे यहाँ थे।"

तनु ने बात काटी।

"और मैं जो इन्हें थिएटर से पकड़ लाई थी!"

अशोक फिर तिलमिलाया।

"किसको थिएटर से पकड़ लाई थी तुम। मैं तो वहाँ गया ही नहीं।"

सुधा ने फिर खिंचाई की।

"और जो भाँग वाले पकौड़े मुझे खिलाए थे, किसने खिलाए थे। तब तो बहुत प्यार आ रहा था मुझ पर। खाती तुम हो, तन मेरे लगता है। किसने कहा था?"

"कैसी बात कर रही हो तुम? मैं तो घर में घुसा ही नहीं। पूछो इस बहादुर से...अबे बोल ना।"

"हाँ...रात को घर में कुत्ते भौंक रहे थे। मैंने सुने। बाद में इन्होंने भी सुने।"

तनु ने पूछा।

"चाबी...वो चाबी प्रेमा के ब्लाउज़ में से किसने निकाली। और वो दरवाज़ा किसने खोला था। उस बाहर वाले दरवाज़े पे दिखाती हूँ अभी तक वही

ताला लगा हुआ है।"

तनु दरवाज़े पर गई। जो खुला हुआ था। उसे बन्द किया और अन्दर की तरफ़ लटका हुआ ताला दिखाया।

"ये क्या है?...है कि नहीं ताला? और अभी तक बन्द है। इसका मतलब अभी तक..."

बोलते-बोलते तनु ने दोबारा दरवाज़ा खोला तो सामने छोटा अशोक और छोटा बहादुर खड़े थे। तनु भौचक्की रह गई। आगे कुछ बोल नहीं पाई। साथ में इन्स्पेक्टर सिन्हा और छेदीलाल, गनेशीलाल सभी थे। सिन्हा ने दोनों से कहा।

"चलो...अन्दर चलो।"

दोनों अन्दर बढ़े। सभी अन्दर आ गए। अन्दर पहले से बड़ा अशोक, बड़ा बहादुर और उनकी पत्नियाँ और अलका खड़े थे। छोटे अशोक और छोटे बहादुर को देखकर सभी दंग रह गए। छोटे अशोक और बहादुर को यक़ीन नहीं आ रहा था। ऐसा भी हो सकता है। बड़े बहादुर ने घबराकर प्रेमा को पुकारा।

"प्रेमा..."

सुधा को रात वाली बात याद आई जो उसने छोटे अशोक से कही थी।

'घर आकर कपड़े नहीं उतारते क्या? और तुम्हें कहते हुए मुझे काहे की शर्म। जैसे कभी देखा नहीं तुम्हें बग़ैर कपड़ों के।'

और छोटे अशोक ने बड़ी हैरत से कहा था।

'क्या?...मुझे नंगा देखा है आपने?'

सुधा इस सोच से पानी-पानी हो गई।

फिर बड़ा अशोक छोटे अशोक के पास आया और ध्यान से देखने लगा। छोटे अशोक ने पूछा।

"तुम राजतिलकजी के बेटे हो?"

"हाँ...तुम भी?"

"हाँ..."

"तुम्हारा नाम अशोक है?"

"हाँ।"

"मेरा भी...ये बहादुर तुम्हारा नौकर है।"

"हाँ।"

बड़े अशोक ने घूमकर अपने नौकर को देखा।

"मेरा भी...अच्छा एक बात बताओ। तुम्हारे दाएँ कन्धे पे एक तिल है?"

"नहीं तो।"

"मेरे भी नहीं है। फिर तो हम दोनों भाई हुए।"

छोटा बहादुर बड़े बहादुर के पास गया। बड़ा बहादुर उसे छूके देख रहा था। छोटे बहादुर ने पूछा।

"बहादुर नाम है तेरा?"

"ये मेरी बीवी है।"

"मैं जानता हूँ। क्यूँ भाभी पहचाना मुझे?"

प्रेमा डर गई रात वाली बात से। छोटे बहादुर ने शरारतन पूछा।

"वो जो पकौड़े खाए थे भाँग वाले?"

प्रेमा को रात की बात याद आई। जब उसने बहादुर के गले में बाँहें डाल दी थीं। प्रेमा को बहुत शर्म आई।

बड़ा अशोक छोटे अशोक को लेकर सुधा के पास आया और उससे परिचय करवाया।

फिर माँ को आवाज़ दी।

''माँ...माँ...''

माँ को पुकारते हुए छोटा अशोक दूसरे कमरे में चला गया। बड़ा अशोक सुधा के साथ कमरे में आया तभी एक बूढ़ी औरत वहाँ से गुज़री। बड़ा अशोक माँ समझकर पैर छूने के लिए झुका और पत्नी को भी कहा।

''माँ...''

छोटा अशोक आया तो काशी बाई के पाँव छूते देखकर बोला।

''अरे भैया, ये तो काशी है। खाना पकाती है। माँ तो अन्दर हैं। आइए।''

सुधा ने ग़ुस्से में अपने पति को देखा।

''मैं जान नहीं पाया कि...बूढ़ी थी...मैं समझा माँ ही होगी...''

''अपनी माँ को भी नहीं पहचानते। इस घर में दो बहादुर। दो वो, दो ये। अब आगे चल के देखो दो-दो माँ न निकल आएँ। मुझे तो बहुत डर लग रहा है। चलिए।''

दोनों आगे-पीछे दूसरे कमरे में चले।

62

दूसरे कमरे में उनकी माँ खड़ी थी। एक तरफ़ छोटा अशोक और छोटा बहादुर खड़े थे। बड़ा अशोक आया और माँ के पैर छुए।

''बेटा...''

''माँ...''

सुधा ने आगे आकर माँ के पैर छुए। छोटे अशोक ने बताया।

''माँ, ये भाभी हैं।''

''जीती रहो बेटी।''

तभी बड़े बहादुर ने पीछे से आके माँ को कहा।

''पायँ लागी माँजी।''

माँ ने बहादुर को पहचान लिया।

''बहादुर...ये कैसी अनहोनी है कौन सोच सकता था कि ऐसा भी हो सकता है।''

तभी स्क्रीन पर शेक्सपियर की तसवीर उभरी।
और इशारे में कहा।

'मैं सोच सकता था।'

'बस'